Inge Müller

Was mich trägt, ist meine Hoffnung

Gedanken zu Abschied und Trauer

Kaufmann Verlag

Quellenhinweis:
Inge Müller, „4711" u. „Lichtblicke", aus: dies., Fange den Tag,
©2009 Verlag am Eschbach der Schwabenverlag AG,
Eschbach/Markgräflerland

Bibliografische Information Der Deutschen Bibliothek

Die Deutsche Bibliothek verzeichnet diese Publikation in der Deutschen Nationalbibliografie; detaillierte bibliografische Daten sind im
Internet über http://dnb.ddb.de abrufbar.

1. Auflage 2012
©2012 Verlag Ernst Kaufmann, Lahr
Umschlagabbildung: © lily, fotolia.com
Druck und Bindung: CPI Books, Ulm
ISBN 978-3-7806-3130-5

Inhalt

Zur Einstimmung

Liebe Leserin, lieber Leser,

während ich diese Zeilen schreibe, färbt sich im Osten der Himmel langsam rot. Die Sonne wird bald aufgehen. Die Vögel haben längst das vielstimmige Lied eines Sommermorgens begonnen.

„Die Vögel brüllen", stellte mein geliebter Vater oft fest – und alle unsere Bekannten lachten über diese Ausdrucksweise und sagten, Recht habe er, man bekäme im Sommer ab vier Uhr morgens tatsächlich kein Auge mehr zu, so schön der Gesang auch sei.

Manchmal ist es ganz leicht, sich zu erinnern. Manchmal zaubern die Gedanken an unsere lieben Verstorbenen, an ihre Lieblingssätze, an kleine Gesten, Gewohnheiten, Lieblingslieder und Kochrezepte ein Lächeln in unser Gesicht. Manchmal ist es ganz einfach, daran zu glauben, dass die Mitte der Nacht der Anfang des Tages ist und das Ende nicht das Ende, sondern ein Durchgang. Dass auf tiefe Dunkelheit das Licht folgt und auf die Bitternis des Abschieds ein Wiedersehen, das uns keine neue Trennung mehr nimmt. Dass wir alle wieder zusammen sein werden, geborgen in Gottes Nähe, in Zeiten und Räumen, die unser jetziges Begreifen übersteigen. Mitten im Leben sind wir vom Tod umfangen – und mitten im Tod vom Leben? Manchmal ist die Hoffnung, die uns trägt, glaubwürdig und so stark wie ein strahlender Sommermorgen, der die letzten zarten Nebelschleier vertreibt.

Und manche Tage beginnen und enden ganz anders. Grau in Grau und in Tränen, mit kreisenden Gedanken und Fragen, die bis zum Abend nicht von uns weichen wollen. Mit eher bedrückenden Erinnerungen, mit ungeklärten Streitigkeiten und Problemen, die der geliebte Mensch vielleicht mit ins Grab genommen hat, mit einem nagenden „Warum?", auf das wir keine Antwort finden, mit sinnlosen Versuchen, das Rad der Zeit anzuhalten und zurückzudrehen. Das Leben wird zur Last – und schon das Aufstehen am Morgen zur kaum zu bewältigenden Herausforderung und Zumutung. Wer wagt es da, von Hoffnung zu sprechen, von einer tragfähigen gar?

„Es gibt mehr Dinge zwischen Himmel und Erde, als Eure Schulweisheit sich träumen lässt", stellt William Shakespeares Hamlet nach einer nächtlichen Begegnung mit seinem verstorbenen Vater fest.

Geburt, Leben und Tod sind große Geheimnisse – und, wie ich glaube, auch große Herausforderungen und Aufgaben – die uns von unserem ersten bis zum letzten Atemzug begleiten, ohne dass wir sie je ganz ergründen, hinter uns lassen oder gar zu endgültigen Schlüssen gelangen könnten. In tausend Geschichten, die wir selbst erleben oder von denen wir erfahren, sind Leben und Tod gleichzeitig gegenwärtig, in Andeutungen, Ahnungen und winzigen Momenten, in bitteren, vollkommen unverständlichen Lektionen, die unseren Verstand übersteigen, und in Sternstunden, die uns zu Tränen rühren. Vieles davon finden Sie in diesem Buch – ausgedrückt in Gedanken, Fragmenten und Geschichten, die mein persönliches Erleben widerspiegeln. Vielleicht finden Sie Eigenes oder Ähnliches darin wieder, vielleicht aber auch Gewöhnungsbedürftiges und zum Widerspruch Reizendes – beides würde mich sehr freuen.

Denn jede Erfahrung, jede Sichtweise, jede Geschichte und jedes einzelne Gespräch rund um Leben und Tod ist wichtig, bringt uns einen winzigen Schritt weiter. Oft habe ich dabei erlebt, dass die Zahl der Jahre keine Rolle spielt, wenn es um Weisheit im Umgang mit den wichtigsten Fragen geht. Kinder haben uns dazu ebenso viel zu sagen wie große Philosophen, die wohlhabende, selbstbewusste Nachbarin, die stets wirkt, als habe sie ausgesorgt und als könne nichts sie mehr berühren, ebenso viel wie der alte Akkordeonspieler, der in der Fußgängerzone seinen Klapphocker aufstellt und seinen Instrumentenkasten aufklappt, um Münzen darin zu sammeln.

Beim Thema Leben und Tod gibt es weder Arm noch Reich, weder unmündiges Kind noch vergessliche Greisin. Nur uns alle, die wir unterwegs sind zwischen Anfang und Ende – von woher kommend und wohin gehend?

Genau hier beginnt es, das Grenzen-Überschreiten, das so typisch ist für uns sehnsüchtige, ein Leben lang suchende Menschen. „Da ist noch mehr – viel mehr zwischen Himmel und Erde, als unsere Schulweisheit sich träumen lässt", sagen wir.

Und allein dieses „Mehr", dieses Fragen und sehnsüchtige Suchen, das uns alle miteinander verbindet, hat mir Mut gemacht, ein Buch mehr zu diesen Themen zu schreiben. Ein Buch, das, eben weil es vom Tod erzählt, auch das Leben preist. Denn beides ist kein Widerspruch: Wer sich bewusst macht, dass nicht nur das Leben unserer Lieben hier auf Erden nicht ewig währt, sondern auch unsere eigene Zeit begrenzt ist, wird sie eher in Dankbarkeit als Geschenk annehmen, genießen, auskosten, gestalten, und wird dann bewusster loslassen können als derjenige, der sich vorgaukelt, unser irdisches Leben sei unbegrenzt und der Tod eine Krankheit, die grundsätzlich nur die anderen befällt. Was wiederum kein Vorwurf sein soll. Vielleicht brauchen wir solche Auszeiten, in denen wir die Geheimnisse des Lebens beiseitelegen und einfach nur in den Tag hineingehen, als hätten wir einen unbegrenzten Vorrat an Sonnenauf- und Sonnenuntergängen zur freien Verfügung.

Doch manchmal nehmen wir uns eben Zeit für die Sehnsucht nach dem Mehr, das – wie alles, was uns weiterbringt – uns keineswegs einfach Flügel verleiht, die uns allem Schmerz und aller Trauer entheben, sondern uns auch Anstrengungen, mühsames Umdenken und lebenslange Übung abverlangt.

Und Zeit. Viel Zeit. Zeit für die Abschiede, die immer wieder durchlebt werden wollen. Zeit, das Festhalten und das Loslassen zu üben, Zeit für die vielen kleinen Tode und Auferstehungen in unserem Leben, von denen in diesem Buch häufig die Rede sein wird – und Zeit, schrittweise auf das Wiedersehen, das wir erhoffen, zuzugehen.

Wann und wie Sie sich diese Zeit nehmen – auch die Zeit, in diesem Buch zu lesen, sich ein wenig auffangen und eine kleine Wegstrecke tragen zu lassen oder sich vielleicht ungewohnte, unbequeme, aber gerade darum förderliche und heilsame Gedanken zumuten zu lassen – entscheiden Sie allein. Denn gerade im Umgang mit dem Tod ist nichts so wichtig wie das ureigene Tempo, der eigene Takt, der eigene Atem, die eigenen Schritte, deren Spannweite niemand besser bemessen kann als Sie selbst.

„Du trauerst falsch", bekommt man mitunter zu hören, wenn man sich nicht lösen kann von der Ehefrau und dem geliebten Partner, der Mutter, dem Vater, dem so schmerzlich vermissten kleinen Kind, dem Freund, der Kollegin und Wegbegleiterin. „Findest du nicht, du solltest endlich darüber hinweg sein und wieder unter Leute gehen?"

Ich bin der festen Überzeugung: Es gibt kein Richtig und kein Falsch angesichts der großen Lebensgeheimnisse, nur behutsame Schritte, die Suche und die Hoffnung auf ein Mehr. Und den Versuch, aus einem letztlich nicht zu beantwortenden „Warum?", das uns einkreist und lähmt, ein „Wozu?" zu machen, das uns befreit. „Wozu ist mir dies widerfahren? Wie begegne ich dem Tod – jetzt und in Zukunft –, der ungefragt in mein Leben getreten ist und mir das Liebste genommen hat? Soll ich ihn hassen, an ihm verzweifeln? Könnte ich lernen, mit ihm zu leben, ihn gar anzunehmen, irgendwann? Bin ich in der Lage, meine eigene Vergänglichkeit anzuschauen – und ein wenig zu verstehen, wovon so viele Menschen erzählen, die dem Tod nahe waren oder es noch sind: dass unser Leben ein kostbarer, weil eben begrenzter Schatz von Tagen ist, die uns geschenkt wurden, die bewusst entgegengenommen und gelebt werden wollen?"

Von vorsichtigen ersten Schritten wird gleich in der folgenden Betrachtung die Rede sein. Petrus macht sich da auf den Weg über das Wasser: in ein Neuland, das wahrlich keine Balken und keine vorgegebene Landkarte hat, ganz ähnlich wie das Land des Abschieds, der Trauer und des Wiedersehens. Weil er weiß, wer ihn in dieses „Mehr und Weiter" hineingerufen hat. Weil er sieht, wem er entgegengeht und wer ihn auffangen wird, wenn er untergeht – so wie er uns auffängt und hält bei unseren unsicheren Schritten zwischen Leben und Tod: Gott selbst, der uns das rätselhafte, spannende, anstrengende und in allem Schmerz auch wundervolle Mehr zwischen Himmel und Erde zumutet und zutraut.

Mehr als alles

Aber in der vierten Nachtwache kam Jesus zu ihnen und ging auf dem Meer. Und da ihn die Jünger sahen auf dem Meer gehen, erschraken sie und sprachen: „Es ist ein Gespenst!", und sie schrien vor Furcht. Aber alsbald redete Jesus mit ihnen und sprach: „Seid getrost, ich bin's; fürchtet euch nicht!"

Petrus aber antwortete ihm und sprach: „Herr, bist du es, so heiß mich zu dir kommen auf dem Wasser." Und er sprach: „Komm her!" Und Petrus trat aus dem Schiff und ging auf dem Wasser, dass er zu Jesus käme.

(Matthäus 14, 25–29)

„Wasser hat keine Balken", sagen wir. Und: „Wahrscheinlich wusste Jesus, wo die Steine lagen."

Allzu viel scheint sich nicht geändert zu haben seit jenen Tagen am See: Noch immer sind wir die Kleingläubigen, die sich an das halten, was ihre Sinne wahrnehmen und ihr Verstand erfasst, auch wenn man ihnen sagt, dass der Glaube Berge versetzen und Wellenwege bauen kann.

Und doch gibt es die Sehnsucht und den Zweifel: Ist das, was wir wahrnehmen, wirklich alles? Oder gibt es da noch mehr – zwischen, neben, in und über uns? „Es muss im Leben noch mehr als alles geben", lässt der Kinderbuchautor Maurice Sendak das kleine Mädchen Jenny vor ihrem Aufbruch sagen. Jenny hat alles, was das Herz begehrt. Es reicht ihr nicht. Sie will mehr und wagt den ersten Schritt ins Unbekannte.

„Das Mehr" war es, was die ersten Christen antrieb, auf Wanderschaft zu den Menschen und zu Gott zu gehen. Unruhe, die sich nicht abspeisen lässt, Sehnsucht, die weiß, dass sie ein Ziel hat, Glaube, der mutig den ersten Schritt darauf zu wagt.

Petrus exerziert uns geradezu systematisch vor, wie dieser Aufbruch möglich ist. Er misstraut der Angst. Er schaltet den Verstand ein, fragt nach, sucht Rückbindung und Rückversicherung. Er geht erst los, als er weiß, dass Gott selbst es ist, der ihn ruft – der ihn trägt und über sich hinauswachsen lässt. Und ab diesem Zeitpunkt ist der Zensor Verstand nur noch hinderlich.

Wer vom Ufer abgestoßen hat, wer im Fluss ist und das Ziel vor Augen sieht, darf nicht zurückblicken, sich nicht mehr von außen betrachten, nicht mehr nach Logik, Konvention und Naturgesetzlichkeiten fragen. Das wissen Künstler und Tänzerinnen, Ordensfrauen und Schanzenspringer, leidenschaftliche Forscher und Entdecker genauso wie Gebärende unter Wehen, Liebende und Sterbende. Denn nur dann wird es tatsächlich möglich: mehr als alles.

Mehr zwischen Leben und Tod

„Da ist noch mehr, Frau Müller", sagte der alte Herr neben mir, ohne von seiner Arbeit aufzusehen.

„Klar, Chef", antwortete ich, lächelnd und mit einem Blick unter die Ladentheke, wo sich noch zahlreiche Kästen mit Ringen, Armspangen, Ohrgehängen und Colliers stapelten: Mexikanischer Schmuck, der Schatz unserer kleinen, unter Liebhabern aber weithin bekannten Boutique am Rande der Großstadt. Türkis, der heilige Stein der Azteken, in allen Grün- und Blauschattierungen, Einlegearbeiten in schwarzem Jet und schillerndem Opal, Obsidian, Achat, Lapislazuli, Topas und Bernstein, Antikes und Modernes, Ziseliertes und Geschmiedetes, Werke aus Teotihuacàn, Taxco und Guanajuato – und nahezu alles in Silber gefasst. Hochwertiges Sterlingsilber, tief und traumhaft schön im Glanz, wundervoll zu tragen – und etwa jeden zweiten Tag zu putzen. Morgens, bevor das Geschäft öffnete, nachmittags, wenn der Kundenstrom für einen Moment nachließ. Und dann natürlich abends, wenn die Ladentür längst verschlossen war. Schließlich sollten alle Schmuckstücke am nächsten Tag wieder in voller Pracht erstrahlen.

Manche Kolleginnen stöhnten über diese Sisyphusarbeit, die niemals ein Ende finden würde, denn wenn der letzte Ring vorsichtig mit dem Silbertuch blank poliert war, begann der erste schon wieder anzulaufen. Für mich hatte diese gleichmäßige Tätigkeit fast etwas Meditatives an sich – vor allem, wenn man sie nur noch zu zweit und nahezu in völligem Schweigen und tiefem Einverständnis ausführte.

Der Chef sprach selten dabei. Und wenn er sich doch einmal dazu entschloss, so bekam man stets spannende Geschichten aus seinem Leben zu hören: von seinen Fahrten durch endlose Wüsten und subtropische Regenwälder; von seinen indianischen Freunden, den Silberschmieden und Juwelenhändlern, den Künstlern und Kaufleuten, den Weisen und den Geschichtenerzählern, die alle Legenden ihres Stammes im Gedächtnis bewahrten; von seinen Begegnungen mit einem sehr alten Aztekennachfahren vom Stamm der Mixteken, der nicht nur außergewöhnlichen, zum Teil antiken Schmuck im Hintergrund seines Ateliers aufbewahrte, sondern auch einen mächtigen, exzellent präparierten Bisonschädel mit schneeweißem, gefährlich starrendem Gehörn, den er von seinem Großvater geerbt hatte.

Seit Jahren war er, mein Chef, um diese Trophäe herumgestrichen, hatte sie mit begehrlichen Blicken gestreift und vermessen, sich ausgemalt, wie sich dieser repräsentative Tierkopf wohl in seiner Schmuckboutique ausnehmen würde, war in scherzhaften Streit mit dem alten Mixteken geraten, was das edle Stück wohl wert sei. Sie hatten abwechselnd gehandelt wie auf einem arabischen Basar, dann wieder über Artenschutz und komplizierte Ausfuhrgenehmigungen debattiert, über längst vergangene Zeiten, die Jagdlust der Weißen und den Respekt der Indianer vor dem Geist jedes Tieres. Nur: Auf einen Kaufpreis geeinigt hatten sie sich nie – der Bisonkopf blieb im Besitz des alten Mixteken.

Bis zum vergangenen Sommer, so hatte der Chef es erzählt – und dabei mehr nachdenklich als stolz gewirkt. Diese letzte Fahrt war für ihn strapaziöser gewesen als jede andere in den vergangenen Jahren. Denn inzwischen hatte er mehrere schwere Herzinfarkte hinter sich, darüber hinaus, wie er erst vor Kurzem von seinem Kardiologen erfahren hatte, diverse „stumme" Attacken, die nahezu ohne erkennbare Symptome abliefen, das Herz aber womöglich stärker schädigten als die anderen Ereignisse. Er nahm mittlerweile Medikamente mit drastischen Nebenwirkungen ein, die unter anderem zu Wassereinlagerungen in seinen Händen führten. Mittags, nach der täglichen Tablettenration, saß er oft eine halbe Stunde stumm auf seinem gepolsterten Lieblingsstuhl in einer Ecke des Geschäfts und starrte in die Lampen. Er warte, bis die kreisenden Regenbogenringe um die Glühbirnen verschwunden seien, die sich jedes Mal nach der Medikamenteneinnahme einstellten, sagte er. Einmal sah ich ihn mit zitternden Händen einen filigranen Ohrring reparieren – ihn, der so viel von aztekischem Schmuck verstand, dass er selbst über die Jahre hin zum Silber- und Kunstschmied geworden war. Zwei Tränen tropften auf seine geschwollenen Finger, als er den Reparaturversuch schließlich aufgab.

Und in diesem Jahr hatte ihm der alte Mixteke den Bisonschädel geschenkt. Ganz plötzlich – das alljährliche Ritual des Feilschens und Handelns war vorüber, mein Chef hatte sich schon zum Gehen gewandt. Da rief der alte Indianer ihn zurück, nahm mit einiger Mühe den schweren Kopf aus der Halterung und begann, ihn fachgerecht für den Transport vorzubereiten – ohne noch ein Wort über den Preis zu verlieren.

„Die Ringe meine ich nicht, Frau Müller", sagte mein Chef. „Aber da ist noch mehr. Viel mehr zwischen Leben und Tod, als wir auch nur ahnen, glauben Sie mir."

Und dann erzählte er mir, ohne mit dem Polieren innezuhalten oder von der Arbeit aufzusehen, von den insgesamt vier Nahtoderlebnissen, die bereits hinter ihm lagen. Ich kannte diese Geschichten nur aus den dramatischen Schilderungen seiner Frau und seines Sohnes, die inzwischen zu Experten in Sachen Reanimation geworden waren und den Ehemann und Vater in zweien dieser vier Fälle allein, ohne die Hilfe von Sanitätern, ins Leben zurückgeholt hatten.

Wie froh waren sie gewesen, ihn wieder bei sich zu haben! Was mein Chef, als die Person im Zentrum der Geschehnisse, selbst zu berichten hatte, ließ diese Momente in einem völlig anderen Licht erscheinen. Zumal ich wusste, dass er ein Realist und Rationalist war, dem es eher schwerfiel, zu seinen Gefühlen zu stehen oder ihnen gar Ausdruck zu verleihen, der die Mythen und Legenden der Maya und Azteken zwar liebte, sie aber nicht nur mit großem Respekt, sondern immer auch mit einem Augenzwinkern erzählte, als erhebe all das nicht zwingend den Anspruch, wahr zu sein.

„Man wird ganz leicht, Frau Müller, wenn das kommt, was wir hier gemeinhin ‚Tod' nennen", sagte er. „Mit jedem Mal leichter, glauben Sie mir. Man schwebt über dem Bett, sieht den eigenen Körper dort unten liegen, sieht, wie die Ehefrau, der Sohn und die Sanitäter sich darüberbeugen, vielmehr sich darauf werfen und mit der in ihren Augen sicher notwendigen, kraftvollen und brachialen Herzmassage beginnen. Sie wollen ja alles tun, um einen zurückzuholen. Sie wollen doch, dass man lebt. Aber man lebt ja ohnehin, sogar mehr als je zuvor! Und man sieht alles und hört alles, die Zurufe, die Verzweiflung, das Weinen.

Fragen Sie mich nicht, was es ist, was sich da vom Körper löst – Sie würden sicher sagen, es sei die Seele. Ich bin kein Christ, nicht mehr", stellte er klar, „ich habe also keine Worte dafür. Aber was immer es ist: Es ist leicht, es hat kein Alter und keinerlei Gebrechen mehr, es ist gesund und heil. Und es will nach oben."

Er hielt kurz inne, ließ das Putztuch sinken und atmete schwer. Unter uns Verkäuferinnen kursierte das Gerücht, dass inzwischen auch seine Lunge von den Wassereinlagerungen betroffen sei.

„Man sieht also, was dort unten los ist, wie sich alle um diese arme, liebe Hülle bemühen, die mein Körper war, die mich so tapfer durch mein ganzes Leben getragen hat, tagein, tagaus, den Krieg mitgemacht hat, die Gefangenschaft, die Liebe, die Freude, die vielen Reisen und Strapazen, Tausende Male Essen und Trinken, 79-mal Sommer und Winter – und die jetzt einfach nur noch müde ist, verstehen Sie, müde und verbraucht, die endlich ausruhen möchte und dieses andere – nennen Sie es meinetwegen Seele, ich habe kein besseres Wort – loslassen und fliegen lassen will."

Er setzte wiederum ab. Eine derart lange Rede hatte ich nie zuvor von ihm gehört. Ich war versucht, das dumme Putztuch wegzulegen, mich ihm zuzuwenden und nur noch ganz Auge und Ohr für ihn zu sein. Doch ich wagte nicht, mich zu rühren.

„Und während Sie über dem allen schweben, spüren Sie die ganze Zeit über eine angenehme Wärme im Rücken, also von oben her, von dort her, wohin Sie sich so gerne umdrehen würden, wenn die Lieben dort unten Sie endlich losließen, wenn sie aufhören würden, etwas umkehren zu wollen, was doch längst seinen Lauf genommen hat und im Grunde ohnehin stärker ist als wir alle. Diese Wärme ist nichts, was man in Temperaturen messen könnte, um das klarzustellen. Jetzt komme ich schon wieder ans Ende mit meinen Worten", schob er, fast schon verärgert über das eigene Unvermögen, ein. „Es fühlt sich mehr an wie – na ja, wie Liebe. Pure Liebe, irgendetwas, was Sie hier unten noch nie erlebt haben und auch nicht erleben werden, weil wir Menschen dazu gar nicht fähig sind. Sie spüren nur: Gleich ist alles gut. Gleich bin ich zu Hause und am Ziel. Gleich nimmt jemand nicht nur mich in den Arm, sondern mein ganzes Leben gleich mit, mit allen Höhen und Tiefen, mit allem, was gut war, und mit allem, was komplett danebengegangen ist.

Ob es überhaupt richtig ist, das Tod zu nennen? Seit ich dort war, denke ich: Das, was Sie und die meisten anderen Leute darunter verstehen, und das, was ich erlebt habe, ist wirklich nicht dasselbe. Wir sollten einen neuen Namen suchen, einen, der nicht so negativ klingt und so viel Angst auslöst. Denn wir brauchen keine Angst zu haben, verstehen Sie, wir könnten neugierig sein und uns sogar freuen!"

Ich sah ihn überrascht an. Er fing meinen Blick auf und versuchte sichtlich Ordnung in seine Gedanken, vor allem aber in die Unsagbarkeit zu bringen und sich verständlich mitzuteilen.

„Um zurück zu dieser Wärme zu kommen und zu dieser – Liebe eben: Das alles, verstehen Sie, spielt sich hinter Ihnen ab, irgendwo oben! Und Sie möchten sich umdrehen, dieser Wärme und diesem Licht entgegen – aber von unten her lässt man Sie nicht, denn man tut ja alles, um Sie zurückzuholen. Und schließlich gelingt das auch!

Und wissen Sie was, Frau Müller?" Er beugte sich näher zu mir, flüsterte fast in mein Ohr. „Wenn man all das so oft durchgemacht hat wie ich, so alt ist, so lebenssatt und lebensmüde – vielleicht nur dann, ich weiß es nicht – tut es weh, wenn man zurückkommt. Jedes Mal mehr. Keine Ahnung, vielleicht möchten Körper und Seele nicht noch eine Runde beieinanderbleiben, vielleicht möchten sie einander einfach loslassen, wo doch die Seele ohnehin jedes Mal leichter wird. Es tut jedenfalls weh. Und man will, dass es aufhört. Dass die Lieben dort unten verstehen, was eigentlich nicht zu verstehen ist, und einen loslassen, endlich gehen lassen, in diese Wärme hinein und ins Licht. Aber das kann man ihnen doch nicht sagen, oder was meinen Sie? Wie sollte ich denn darüber mit ihnen reden, am Ende sind sie über die Maßen traurig! Sie lieben mich doch …"

Über Jahre hin ist mir dieses Gespräch nachgegangen, oft habe ich es weitererzählt. Und dabei niemals den Schluss vergessen: Mein Chef hat seinen Lieben tatsächlich erzählt von seinen Erlebnissen zwischen Erde und Himmel, Leben und Tod. Sie haben ihm unter Tränen zugehört – und anschließend versprochen, ihn, sollte sich ein neuer Infarkt mit Herzstillstand ereignen, loszulassen.

Und an dieses Versprechen haben sie sich gehalten. Als es eines Nachts zu einer erneuten Attacke kam, saßen Ehefrau und Sohn weinend und gleichzeitig unter Tränen lächelnd am Bett des Ehemanns und Vaters, schauten nach oben, sprachen nach oben, während sie seine Hände streichelten, versicherten ihm, dass sie nichts unternehmen würden, dass sie ihn über alles liebten – und dass sie ihm von Herzen wünschten, er möge endlich am Ziel seiner Reise ankommen: zu Hause, inmitten der Wärme und inmitten jener nie gekannten Liebe.

Und da ist immer noch mehr zwischen Leben und Tod. Denn kurz darauf erfuhren wir, dass auch der alte Mixteke gestorben war. Ob er geahnt hatte, dass dies ihr letztes Treffen war, als er meinem Chef die über Jahre hin begehrte Trophäe schenkte? Welches Wissen voneinander verbindet uns – tiefer als Worte es ausdrücken könnten – über Zeit und Raum hinweg? Werden wir es eines Tages erfahren?

Mehr Zeit

Wir haben Zeit.
Viel mehr Zeit
im Umgang mit dem Sterben und dem Tod,
als wir denken, wissen und nutzen.
Viel mehr Zeit,
als Menschen, Ämter, Institutionen
und tickende Uhren oft bereit sind,
uns zu gewähren.

Mehr Zeit, uns zu verabschieden.

Mehr Zeit, die geliebte Seele loszulassen.
Schritt für Schritt – nicht anders,
als der Sterbende selbst diese Welt hinter sich lässt.

Mehr Zeit, die Trauer zuzulassen.
Sie zu verbergen wie einen verletzten Vogel im Nest.
Sie mitzuteilen wie ein Geheimnis,
das man zu zweit tragen muss,
weil es einem allein den Atem nimmt.

Mehr Zeit für die ersten Sekunden, Minuten,
Tage und Jahre danach.

Mögen wir den Mut und die Kraft haben,
gerade dann, wenn die Zeit stillzustehen scheint,
uns alle Zeit der Welt zu lassen …

Wachet und betet

Die Diagnose hatten sie kaum verstanden, auch nicht die komplizierte Therapie und die zunehmende Verzweiflung in den Gesichtern der Ärzte. Als die Reanimationsversuche begannen, hatten sie sich vor die Tür schicken lassen.

Aber danach nicht mehr. Danach, als alles zu Ende war, ließen sie ihn heimbringen, wuschen ihn, kleideten ihn in seinen besten Anzug und bahrten ihn auf. In dem winzigen Wohnzimmer, das früher seine Werkstatt gewesen war. Und alle kamen: die Familie, die Nachbarn, die Freunde, der Pfarrer. Alle, die ihn noch einmal sehen wollten, versammelten sich um sein Bett. Man sang, man betete, man wachte die Nacht hindurch, löste sich ab, sprach von seinem Leben, wie wohltuend seine Nähe auf alle gewirkt, was er mit starker Hand geordnet, geschaffen und erreicht hatte. Man schüttelte einander die Hand und begrub alte Feindschaften im Angesicht des blass und würdevoll auf seinem Bett ruhenden Verstorbenen.

Als am Morgen die Kerzen gelöscht wurden, brachte jemand Kaffee und Brötchen – und einen Schnaps für Michael, der draußen, vor dem Fenster, in eisiger Kälte auf der Trompete „Großer Gott, wir loben dich" angestimmt hatte, das Lieblingslied seines ehemaligen Dirigenten, „der nun für immer den Taktstock aus der Hand gelegt hat", wie er unter Tränen anmerkte, bevor er sich in Richtung des Totenbettes verneigte.

Man half schließlich, ihn gegen Abend in den Sarg zu betten. Man betete das Vaterunser, sang gemein-

sam „So nimm denn meine Hände und führe mich",
schloss den Sarg und hob ihn auf viele Schultern. Und
als man ihn aus der Tür hinaustrug, die ersten Schritte
den Berg hinauf zur Kirche, da war für diesen Moment alles gesagt und getan.

Bis zum Schluss bei dir

„Ich bleibe doch nicht hier an diesem Bett stehen
und sehe zu,
wie diese Linien immer weiter absinken,
immer flacher
und schließlich zum Strich werden", sagte er
und wandte sich zum Gehen.

Und ich dachte:
„Warum würden mich keine zehn Pferde
und keine zwanzig Ärzte
gerade jetzt wegbringen von dir?
Warum muss der eine gehen –
und warum werde ich bei dir bleiben,
bis alle Linien zum Strich geworden sind,
und noch lange danach?"

Schritt-weise

Dies ist eine kleine Meditation,
die einem die Schuhe auszieht.
Hier und jetzt
und mit voller Absicht.
Und sei es erst einmal mit bloßen Füßen
über Fliesen, Bohlen und Teppichböden
in die Küche und wieder zurück.

Dies ist ein Text,
der sich nicht die großen Sprünge vorgenommen hat,
sondern die winzigen und kurzen Etappen,
die uns so viel Mut abverlangen,
die so viel Kraft kosten können.
Auf dieser Erde und durch dieses Leben.
Unterwegs, irgendwo zwischen Start und Zielgerade,
im Alltagstrott oder auf der Überholspur,
auf Um- und Irrwegen,
in Sackgassen und über gewagte Brücken,
in Trauer, in Freude
und auf der großen Spurensuche
nach dem Sinn, nach dem Glück,
nach Gott.
Ob wir unterwegs auf bloßen Füßen
schrittweise
schritt-weise werden?

Gras unter meinen Füßen
Also gut, ich lasse sie mir ausziehen, meine Schuhe.
Wackle erwartungsvoll mit den Zehen.

Danke meinen Füßen (endlich einmal wieder)
für die weite Wegstrecke,
die sie mich bis hierher getragen haben.
Vielleicht lasse ich mich an der Hand nehmen
von einem Kind – im Garten, auf einem Feldweg.
Fühle Sand unter meinen Füßen, Gras, Kies, Mulch,
Steine, Laub, warmen Asphalt, eine Pfütze, Federn …

Nach meiner Melodie
Ich schließe die Augen.
Ich breche auf, ganz vorsichtig.
Mit meinem Atem, in meinem Takt.
Eine Schritt-Weise fällt mir gleich dazu ein:
„Heute hier, morgen dort –
bin kaum da, muss ich fort."
Und eine andere: „Wir sind nur Gast auf Erden …"
Viele Lieder besingen unser Unterwegssein.
Welches ist meine Melodie?
Viele Geschichten erzählen von Wanderungen:
aus Ägypten her in die Wüste,
vom Osten her einem guten Stern folgend,
von Nazareth nach Bethlehem,
ein Kind unter dem Herzen,
von Jerusalem nach Golgatha,
einen schweren Kreuzweg hinauf,
vom leeren Grab zurück zu den Freunden,
eine unglaubliche Botschaft auf den Lippen.
Auch die bloßen Füße spielen
in den Texten der Bibel eine Rolle:
„Mose, zieh deine Schuhe aus,
denn du betrittst heiligen Boden",

spricht Gott zu dem Mann,
dem er sein Volk anvertrauen wird.
Barfuß, offen und schutzlos
muss ich also sein,
damit ich nichts Kostbares, Heiliges über-gehe,
wenn es mir begegnet?

Zeit, die ich brauche
Kaum aufgebrochen,
spüre ich sie schon neben mir:
die Schritt-Macher.
Die mit der Stoppuhr
und dem Fahrplan für mein Leben in der Hand.
Die meine Schritte pro Minute zählen,
meine Wegstrecke pro Tag messen,
mich gar zum Gleichschritt mit den anderen
zwingen wollen.
Ich sage: Nicht mit mir!
Beständig, aber ohne Hast, so will ich gehen.
Nach meiner eigenen Melodie,
nach meinem eigenen leisen Herzschlag.
Ich nehme mir alle Zeit, die ich brauche.
Und alle Stille.
Das Selbstverständlichste der Welt also.
Und ein Luxus, von dem sie nur träumen können,
die Schritt-Macher.

Raum, der mir zusteht
Noch etwas, das ich üben kann, schrittweise:
auf großem Fuß leben.
Den sicheren Auf-Tritt wagen.

Nicht schüchtern auf Zehenspitzen
und nicht mit der Tür ins Haus,
aber sicher und raumgreifend.
Ruhig und mutig,
auch über Schnee und spitze Steine.
Ob ich so viel Gelassenheit
und Selbstbewusstsein aufbringe?
Ich will es versuchen.
Beim ersten Schritt auf fremdem Parkett
und dünnem Eis
und auf jemanden zu, der mir fremd
und in mancher Hinsicht weit voraus scheint.
Immer dann, wenn ich spüre:
Jetzt mache ich mich klein, fast unsichtbar.
Dann zu mir stehen, auf eigenen Füßen.
Den Raum einnehmen, der mir zusteht.
Nicht mehr, aber auch nicht weniger.
Meine eigenen Spuren ziehen.
Nicht anmaßend,
aber angemessen.

Spuren, die ich lege
Ich hinterlasse Spuren, mit jedem Schritt,
auf jedem Boden, in jedem Land.
Ich zertrete Blumen,
winzige Tiere und Schneeflocken,
zerstöre eine Stille, durchkreuze einen Weg,
ohne Absicht, oft sogar, ohne es zu bemerken.
Kann ich meine Spuren behutsamer legen?
So, dass noch Gras wächst, wo ich hintrete,
noch Wasser sprudelt, wo ich getrunken habe,

und dass noch andere Meinungen laut werden,
wo ich meine gesagt habe?
Und noch etwas: Nicht nur ich bin es,
die Fußabdrücke hinterlässt auf dieser Erde.
Auch mein Körper ist eine Landschaft,
an der das Leben nicht spurlos vorübergeht.
Falten und kleine Täler entstehen,
leise und schrittweise,
hier eine Welle, dort ein bisschen Grau,
Zerstörung und Neubeginn und Wandel …
„Dagegen hilft die Für-immer-jung-Kur!“,
flötet es aus den Anzeigen,
die mir einen spur-losen Körper vorschreiben wollen.
Ich höre nicht hin. Ich werde meine Zeit nutzen,
um die Spuren des Lebens auf meinem Körper
besser zu sehen, zu berühren, zu achten
und anzunehmen – schrittweise.

Bevor ich falle
„Klein ist, mein Kind, dein erster Schritt,
klein wird dein letzter sein“,
schrieb der protestantische Dichter Albrecht Goes.
An meinen ersten Schritt erinnere ich mich nicht,
und ich weiß nicht,
wann ich mit meinem letzten Schritt
die Grenze zwischen Leben und Tod
überschreiten werde.
Nur, dass ich darauf zugehe, schrittweise,
seit meiner Geburt, mit jedem Atemzug.
Ich will mich ab und zu umdrehen
und in Ruhe den Weg betrachten,

den ich zurückgelegt habe.
Und dann wieder nach vorn schauen:
Gibt es Wege, die auf mich warten?
Fußstapfen, in die ich treten kann?
Pfade, die ich erst erschaffe, während ich laufe?

Ich bin unterwegs,
zwischen meinem ersten und letzten Schritt.
Und ich denke, dass die Grenze nicht das Ziel ist.
Das Ziel liegt dahinter,
jenseits meines Weges,
jenseits aller Schritte,
dort,
wo ich aufgefangen werde,
bevor ich falle.

Elisabeths Hände

Ob und wie sie ihre Idee durchbringen konnte,
wusste sie nicht.
Ihr war nur klar, dass sie es schaffen musste:
Eine Urne zu töpfern
für die Asche ihrer Freundin.
Sie wollte das Gefäß nicht nur selbst formen,
ein plastisches, naturgetreues Abbild ihrer Hände
sollte den unteren Teil der Urne umschließen,
um die Asche der geliebten Verstorbenen
gleichsam aufzunehmen, zu halten
und zu bergen.

Man deckte sie zu mit gesetzlichen Bestimmungen,
drohte, ihre wundervolle Idee
unter einem Berg von Paragraphen zu ersticken.
Solange sie sich –
unter entsetzlichem Zeitdruck, denn Eile war,
wie immer im Angesicht des Todes, geboten –
in den höheren Instanzen
und auf den Chefetagen bewegte.

Erst als sie sich auf den Weg zum Friedhof machte,
mit dem Mut der Verzweiflung und der Liebe,
und sich und ihrer Geschichte Gehör verschaffte,
direkt vor Ort,
bei den Arbeitern und den einfachen Angestellten,
fand sie die Wärme und Anteilnahme,
die Rührung und das Engagement,
das sie so dringend brauchte.

Und eine Lösung.

Die Urne aus Ton umgab einfach
die Urne aus Metall.

Und so hielten Elisabeths Hände
die Asche der Freundin
nicht nur auf dem letzten Weg,
sondern auch danach noch,
als längst Blumen auf dem kleinen Grab blühten.

Der erste Schritt

Als wir das Krankenhaus verließen,
Mutter und Tochter,
zwei einsame Frauen in den neonhellen Gängen,
war es Nacht.
Wir hatten dich zurückgelassen,
obwohl deine Gegenwart noch spürbar war,
überall im Raum.

Wie viel Zeit braucht die Seele
für ihre Reise in die Ewigkeit?
Wie weit ist der Weg bis in Gottes Arme?

Auf der Treppe stolperte sie,
obwohl ich ihren Arm hielt.
Und ich bekam eine schwache Ahnung davon,
welche Aufgabe du mir hinterlassen hattest.
Du, der du sie immer
auf Händen getragen hattest.
Wie sollte ich dich ersetzen?

Wie viel Zeit braucht das Leben,
ehe es weitergeht?
Wie weit ist der Weg
vom ersten, stolpernden Schritt
ins Neuland der Einsamkeit
bis zum Wiedersehen,
bis in deine Arme?

Mehr Leben

Es gibt mehr zu wissen über jene,
die uns vorangegangen sind,
als wir ahnen,
als die Biografien und Nachrufe verkünden,
als die Trauerredner in Worte fassen.

Auch nach ihrem Tod
ist noch Zeit,
ihr Leben zusammenzusetzen
wie ein kostbares, buntes,
facettenreiches Mosaik
und es zu würdigen.

Mögen wir unser Bild
vom Leben unserer Lieben
nicht zu früh vollenden.

Richtet nicht

„Sie war ja schon vorher unter die Räder geraten",-
sagten die Leute nach deinem dramatischen Tod
unter dem Lastwagen.
„Wie kann man sein Leben
auch so wegwerfen und vergeuden!
Sich umgeben mit den Außenseitern der Gesellschaft,
immer die unterste Schublade –
und dann der Alkohol,
und kaum ein Gedanke an das Kind!
Kein Wunder, dass es so gekommen ist."

Das große Blumengesteck,
das man anlieferte zu deiner Beisetzung,
erregte Aufmerksamkeit.
„In treuer Erinnerung,
deine Nachbarn aus der Karlstraße",
stand auf der Schleife.
Nach der Trauerfeier packten wir Brötchen
und Kaffee ein und beschlossen,
bei deinen Nachbarn zu klingeln, schon allein,
um uns bei den uns Unbekannten zu bedanken.

Wie gut, dass wir es wagten!
Nur so erfuhren wir von dem alten Mann,
dessen monatliche Sozialhilfe du stets abgeholt,
von dem afghanischen Ehepaar,
dessen Behördengänge du erledigt,
dem Russlanddeutschen, dessen Kleidung
du auf Vordermann gebracht hattest,

und dem Hund der alten Dame,
mit dem du spazieren gegangen warst.
„Sie fehlt mir jetzt schon!",
weinte das Mädchen,
mit dem du Englischvokabeln gepaukt hattest
und das jetzt deinen Kater erben sollte.

„Richtet nicht,
damit ihr nicht gerichtet werdet",
lese ich in der Bibel.

Bei ihm,
der dich aufgefangen hat,
bist du jedenfalls nicht unter die Räder geraten,
so viel steht fest,
Schwester-Herz.

Leiser Abschied

Ein Text für alle, denen in Trauer- und Trostbüchern nur selten ein Denkmal gesetzt wird: Den Verstorbenen, die ihrem Leben selbst ein Ende gesetzt haben, ohne dass wir es bemerkten, ohne dass wir eingreifen konnten – aber nicht ohne uns einige Zeichen zu hinterlassen.
Und viele Fragen.

Ich sah Licht bei dir an jenem Abend.
Da wusste ich, dass du zurückgekehrt warst
von einer langen Reise nach Übersee.
Ich sah dich im Geiste die vielen Koffer abstellen,
ich ahnte, wie es für dich sein musste,
das Haus endgültig leer vorzufinden,
still und tot, ohne deine Frau,
die längst ausgezogen war,
ohne das Kinderlachen,
das du dir immer erträumt hattest,
ohne einen einzigen Menschen,
der dich willkommen hieß.

Ich ahnte es – mehr aber auch nicht.
Ich war müde an jenem Abend.
Ich bin dem Impuls nicht gefolgt,
bin nicht dem Licht hinter deinen Fenstern
nachgegangen, habe dich nicht begrüßt, gefragt,
dir einen kleinen Empfang
und ein wenig Zuhause geschenkt.

Ich ahnte, was die leeren Räume dir antaten.
Ich ahnte nicht, was du selbst dir antatest.

Erst als am Morgen das Licht noch immer brannte
und bis zur Mittagszeit nicht erlosch,
beschloss ich nachzusehen…

Es war ein leiser Abschied,
den du genommen hattest.
Doch sorgfältig vorbereitet, in kleinen Schritten.
Denn dein Haus war tatsächlich leer,
viel leerer, als wir es ahnten.
Du hattest in aller Stille alles verschenkt:
Kleidung und Schuhe, Möbel und Vorhänge,
Stereoanlage und Computer, Fernseher und
Staubsauger, Gemälde und ein wenig Schmuck.
Leer war dein Haus,
leer, bloß und schutzlos, wie du selbst.
Und nach einem so langen, leisen Abschied,
das verstand ich erst jetzt, zu spät,
war dein letzter Sprung nur noch ein winziger.

Hatten wir, deine Freunde, eine Chance?
Hätten wir dich zurückholen können,
statt deine unverhofften Geschenke anzunehmen,
erstaunt und dankbar?
Hätten wir verhindern können,
dass du dich zu einer ganz großen Reise rüstetest,
von deren Ziel wir bis heute nichts wissen?

Was wäre, wenn ich an diesem Abend
nicht meiner Müdigkeit gefolgt wäre,
sondern dem Licht in deinem Fenster?

Dragan (1994–2012)

Du bist einer von den Achtzehnjährigen
auf diesem altehrwürdigen Friedhof
mit den hohen Steinmauern, den mächtigen Bäumen
und Ehrfurcht gebietenden Grabstätten.
Einer der ganz Jungen,
viel zu früh aus dieser Welt Gegangenen.

Wer dein Todesdatum liest, versteht sofort:
Anfänger hinter dem Steuer.
So stolz auf den frisch erworbenen Führerschein.
Vielleicht zu stolz, vielleicht zu schnell.
Vielleicht auch nur unerfahren –
vielleicht waren die anderen zu schnell,
zu wenig rücksichtsvoll,
zu wenig achtsam mit dir, dem Neuling
auf dem aggressionsgeladenen A3- oder B45-Parcours.

Dein Grab ist bunt.
Voller Plüschtiere, Engel, Herzen und Spielzeugautos.
Dein Grabstein zeigt dein Porträt – dein schönes,
junges Gesicht, dein blitzendes Lächeln.
Zwei kleine weiße Bänke
stehen zur Rechten und Linken.
Immer sonntags, doch oft auch unter der Woche,
so erzählen es die Friedhofsbesucher einander,
kommt deine Mutter.
Sie bringt deinen kleinen Bruder mit
und deine noch jüngere Schwester.
Sie setzen sich auf die weißen Bänke

zu deiner Rechten und Linken,
während die Mutter einen Klappstuhl aufschlägt
zu Füßen deines Grabes.
Sie teilen Obst, Schokolade und Limonade,
die Mutter trinkt Kaffee, die Kleinen lassen
die Spielzeugautos ein paar Runden drehen,
zwischen Plüschtieren und Stiefmütterchen
auf deinem Grab.

Dies ist kein Spielplatz,
aber das wagt deiner Familie niemand zu sagen,
kein Besucher und keine Friedhofsaufsicht.
Zum Glück nicht. Denn alle spüren:
Sie nehmen dich in ihre Mitte –
den Sohn und den Bruder.
Als seiest du noch bei ihnen.

Und, wer weiß –
vielleicht bist du es?
Immer sonntags,
doch oft auch unter der Woche?

In Osteuropa ist es bis heute üblich, an großen Festtagen ein Gedeck für
die Verstorbenen aufzulegen, manchmal sogar eine eigene Tischdecke,
um die Ahnen ausdrücklich hineinzubitten in den Schoß der Familie und
zum gemeinsamen Mahl. Ihre Gegenwart ist ein Segen für alle, so sagt
man, und sorgt dafür, dass der Tisch das ganze Jahr über gedeckt bleibt.
Auch unter den Seeleuten war das „leere Gedeck des Gedenkens" lange
Zeit Brauch. Heutzutage ist das Aufstellen einer Kerze im Fenster an Mo-
nats- und Jahrestagen sowie Allerseelen und Heilig Abend eine mancher-
orts ausgeübte Sitte, an geliebte Verstorbene zu erinnern.

4711

Wir hatten ihn so getauft. „4711 – immer dabei!",
denn er hatte in all den Jahren keinen einzigen Auftritt
unserer Band versäumt, saß immer in der ersten Reihe, die Hand lauschend hinters rechte Ohr gelegt, als
ob er Bedenken hätte, dass ihm trotz der dröhnenden
Lautstärke aus unseren Boxen ein Gitarrenton oder
ein Keyboardklang entgehen könnte. Oder war unser
satter Sound für ihn nur ein sanftes Säuseln und er
brauchte die Hand hinterm Ohr, um sich wenigstens
dieses musikalische Flüstern einzufangen?

„4711". Er war wirklich immer dabei. Im Einkauf-
szentrum und bei „Lieder im Park", mitten im Ge-
dränge auf dem Rathausplatz und bei dem Reinfall
in der alten Fabrik, als ganze 15 Fans die erste und
einzige Reihe vor der Bühne bildeten. Erst dachten
wir, er hätte es auf unsere Sängerin abgesehen. Drit-
ter Frühling oder so. Aber nichts – er warf ja nicht
mal eine Rose auf die Bühne. Dann vielleicht unsere
Musik. Wer weiß? Getanzt hat er jedenfalls nie. Nur
zugehört. Ob er selbst gern Musiker geworden wäre?
Einmal hat unsere Sängerin ihn dann nach seinem
Namen gefragt. Heinrich Kluge hieß er. Wir blieben
trotzdem bei „4711".

Unser Auftritt vor drei Wochen brachte dann eine
echte Überraschung: Sein Platz blieb leer. 4711 war
nicht mehr dabei. Zwei Tage später entdeckten wir,
mehr zufällig, die Todesanzeige in der Zeitung. Ganz
schlicht, ohne große Worte von Abschied und Trauer
und treusorgender Vater oder so. Aber wir beschlos-

sen, zu seiner Beerdigung zu gehen. Immerhin war er unser treuester Fan – und da war es doch nur okay, wenn wir auch mal „dabei" waren, bei einem Anlass, den er, 4711, bestimmte.

Also, die ganze Band versammelte sich auf dem Friedhof. Und alle in Schwarz. Sogar Kombi, von dem niemand gewusst hatte, dass er eine andere Hose außer seiner Blue Denim besaß. Das war das erste Wunder an dem Tag. Das zweite: dass so viel Leute am Grab von 4711 zusammenkamen. Scheinbar war er nicht nur Fan, er hatte selbst Fans gehabt. Alte und Junge, Paare und Einzelgänger, einige in Samt und Seide und dann eher solche wie wir, also mehr bemüht vornehm. Das dritte Wunder: Jeder erzählte am Grab irgendetwas, was ihn mit 4711 verbunden hat. Und schon dabei kam so viel Unterschiedliches zusammen, so viel, was nicht zusammenpasste und schon gar nicht in einem einzigen Leben Platz haben konnte, dass wir uns alle, oder fast alle, später nach der Beerdigung noch einmal im Café neben dem Friedhof zusammengesetzt haben zu einer Art Rekonstruktionsversuch: Wer war 4711 oder Heinrich Kluge?

Sieht so aus, als wäre er aus der früheren DDR gekommen. Und mit zwei Frauen war er lange Zeit verheiratet, gleichzeitig, die eine in Ost, die andere in West, ohne dass eine von der anderen wusste. Vielleicht war er deshalb auch ein paar Jahre lang auf der Flucht – oder auf der Walz, das wusste keiner genau zu sagen. Eigentlich wollte er Pfarrer werden, der 4711, erzählte einer. Damit hat es wohl nicht geklappt, dafür mit mindestens fünf anderen Berufen – und eine

Frau kannte ihn vom Friedhof her, wo er immer Reden gehalten hatte für die, an deren Grab sonst keiner sprach. Ohne Lohn und ungebeten. Von uns hatte er auch erzählt, berichtete einer seiner Freunde aus dem Altersheim. Dass er uns mochte, uns und unsere Musik. Dass er außer Pfarrer auch gerne Gitarrist geworden wäre wie Kombi. Und sein bisschen Geld hatte er dem Kinderschutzbund vermacht, obwohl er selbst nie Vater geworden war – soweit man das sicher sagen konnte.

Wir haben nämlich drei Stunden da miteinander im Café gehockt und geredet und versucht, sein Leben zusammenzusetzen wie ein Puzzle oder ein Mosaik aus mindestens tausend Teilen. Aber ganz aufgegangen ist das Spiel nicht. Irgendwie hat er sich uns immer wieder entzogen, der 4711, und wir konnten einfach nicht herausfinden, wer er nun wirklich war. Nur, dass er wieder dabei war, auch da im Café, wahrscheinlich mit der Hand am Ohr, um auch ja alles mitzukriegen, was wir über ihn zusammenfantasierten, und dass er sich dabei königlich amüsiert hat – das ist so ziemlich sicher.

Mehr Nähe

Ein Zeichen.
Eine Zeile, eine Melodie,
ein Foto, eine Geste,
eine Stimme, ein vertrautes Geräusch,
ein Moment im Frühling –
oder schlicht ein freier Parkplatz?

Ihr seid uns so viel näher,
als wir es ahnen.

Vielleicht bedarf es nur
eines einzigen Augenblicks,
um die Grenzen zwischen uns und euch,
zwischen Zeit und Ewigkeit
fallen zu lassen
und einander wiederzusehen,
von Angesicht zu Angesicht.

Möge uns die Erinnerung
jetzt verbinden.
Möge uns die Zukunft
einst zusammenführen.

Wie sagt man: „Ich lebe noch"?

Franks Mutter hatte versprochen,
die Nachttischlampe auszuschalten,
falls ihr dies möglich sei,
von der anderen Seite her.
Martins Neonlämpchen,
direkt neben seinem Schlagzeug,
erlosch tatsächlich, als die Band zusammenkam,
zum ersten Mal nach seinem Unfalltod,
und sich gerade fragte
ob der verstorbene Drummer wisse,
dass heute Probe sei,
wo immer er nun auch wäre –
und was „Donnerstagabend, 20 Uhr,
neben dem Waldschwimmbad"
für ihn wohl noch bedeute
im Angesicht der Ewigkeit.
Es gibt die Geschichten von den Uhren,
die stehen bleiben, wenn jemand geht,
von Bildern, die fallen,
Gläsern, die zerspringen,
Eltern und Großeltern,
die ihre Kinder und Enkel rufen – und umgekehrt,
deutlich und nicht zu überhören,
über Zeit und Raum hinweg.
Von Träumen, die zeitgleich erzählen,
dass der Sohn gefallen ist,
von den vielen kleinen Kreuzen,
am Fenster und in den kahlen Ästen der Bäume,
die der Mutter an seinem Todestag

ins Auge springen.
Es gibt die drängende Frage
meiner tödlich verunglückten Klassenkameradin,
die mich schweißgebadet
aus dem Bett hochschrecken ließ,
als hätte ich ihre Stimme gehört,
mitten in der Nacht.
Und es gibt die Hand,
die mich, das Kind, sanft zurückhielt,
wenn ich leichtsinnigerweise
über die belebte Straße laufen wollte –
noch Jahre, nachdem mein geliebter,
stets um mich besorgter Großvater
von uns gegangen war.

Wie viel Nähe verbindet uns?
Welche Zeichen sind möglich
und deutbar,
hüben wie drüben?

Es ist noch keiner zurückgekommen –
aber das wäre ja auch zu viel verlangt.

Wie sagt man ganz einfach:
„Ich lebe noch"?
„Ich bin bei euch"?
Und:
„Habt keine Angst, der Tod ist kein Ende,
sondern ein Anfang" –
… und wird gehört?

Schwester Margarethas Musik

Schwester Margaretha war unsere Musiklehrerin. Eine kleine, quirlige, mit ungeheurer Energie sich auf die Tasten des Konzertflügels stürzende Ordensfrau und Pädagogin an unserer Klosterschule, die, wenn es darum ging, uns ein neues Lied beizubringen, schier verzweifelte, falls wir die Melodie nicht sofort aufnehmen und die gleichen Höhen erreichen konnten wie sie selbst mit ihrem Nachtigallensopran.

Nie hatte man sie anders als eilend durch die Korridore der Schule und die Pausenhalle schweben sehen, wobei ihrer tänzelnden Füße kaum den Boden zu berühren schienen und der schwarze Schleier wie ein schwungvoll getuschter Legatobogen hinter ihrer schmalen Gestalt herwirbelte. Stets hatte sie dabei ein leises Lied auf den Lippen. Sie liebte Musik, sie war Musik, ihr ganzes Leben war nichts anderes als Musik – wie sollte man da mitbekommen, dass sie allmählich alt und gebrechlich geworden war?

Jetzt, aufgebahrt in unserer Schulkapelle, wirkte ihr Körper nur noch wie eine verlorene Hülle, nutzlos, still, ein welkes Blatt, zurückgelassen unter einem entlaubten Baum. War sie tatsächlich so klein gewesen, so zerbrechlich, unsere liebe Schwester Margaretha?

„Weißt du", flüsterte meine Klassenkameradin neben mir und antwortete damit auf meine Gedanken, „das liegt nur daran: Sie hat all ihre Musik mit sich genommen."

„Genau", flüsterte ich ebenso leise zurück und lächelte. Einen flüchtigen Augenblick lang entstand ein

Bild vor meinem kindlichen Auge: Eine kleine Gestalt schwebte durch die wolkigen Korridore des Jenseits, ein neues Lied auf den Lippen, einen weißen Schleier hinter sich herwirbelnd wie eine Braut an ihrem Hochzeitstag – und eine Schar kleiner Engel, zwitschernd wie wir, aber viel gelehriger und vor allem mit himmlischen Stimmen ausgestattet: Um gemeinsam mit ihrer Lehrerin Gott zu loben, von Ewigkeit zu Ewigkeit.

Zeit und Ewigkeit

Wie gut, dass unser Friedhof ein Kirchhof ist.
So grüßen wir euch jeden Sonntag
und wenn wir im Sommer
zum Wald hinaufwandern
und vor allem in der Silvesternacht,
wenn das ganze Dorf sich versammelt
vor der Kirche,
und man lauscht den Chorälen der Bläser,
zündet die Wunderkerzen an
und lässt die Sektkorken knallen,
liegt sich in den Armen und wünscht einander
ein gutes neues Jahr
und denkt dabei auch an euch –
wie immer,
wenn unsere Zeit und eure Ewigkeit
einander begegnen.

Bohlender und die anderen

Wie oft sind wir ihm nachgerannt,
wenn er mit der Marktschelle durch die Straßen lief:
„Bohlender ist da! Gelbe Rüben, frische Eier,
saftige Birnen, rote Äpfel!"
Wir kannten sein Sprüchlein auswendig,
das er, je nach Jahreszeit, ein wenig abwandelte,
wir erspähten seinen Lieferwagen von ferne,
liefen dem immer gebrechlicher werdenden
Gemüsehändler fast vor die Räder
und zwischen den Beinen herum,
ahmten ihn nach, nicht allzu gehässig,
doch sicher ihm in den Ohren gellend:
„Bohlender ist da! Gelbe Rüben, verfaulte Tomaten …"

Jetzt liegt er hier,
so lese ich auf seinem Grabstein.
88 ist er geworden, der alte Bohlender,
der zum Schluss sicher kein Gemüse mehr ausfuhr.
Möge er im Jenseits zu Ehren kommen
und keinen kindlichen Spott mehr ertragen müssen!
Daneben der Apotheker, dessen wohltönender Bass
einst beruhigend seine ganze Offizin erfüllte,
sodass es schon halbwegs heilte, ihm nur zuzuhören.
Ob ihm das jemals ein Patient gesagt hat?
Meine Erzieherin, die viel zu früh starb
und ihr eigenes kleines Kind zurückließ.
Die Banknachbarin aus der Schule,
die kleinste in unserer Klasse, zumindest körperlich,
geistig uns allen haushoch überlegen.

Sie starb mit 29, kurz nach
ihrem ersten Hochzeitstag, so sagte man mir.
Meine Turnlehrerin,
stets aufrecht und würdevoll in ihrer Haltung,
drahtig, streng und diszipliniert –
so hat sie die 90 überschritten.
Unser Schuldirektor, der Pfarrer, der mich getauft hat
und im Religionsunterricht mit dem Gesangbuch
nach allzu schwatzhaften Störenfrieden
zu werfen pflegte.
Der Nachbar,
der seinem Leben selbst ein Ende setzte.
Die Freundin, deren Abschied ich miterlebte,
von meinem Fenster aus:
Der Krankenwagen wartete vor dem Haus,
da ließ sie sich, schon auf der Trage,
noch einmal in ihren geliebten Garten bringen
und blickte sich um,
als könne sie sich nicht sattsehen an all der Pracht
und als wisse sie: Dies ist das letzte Mal.
Der Schuster, der Metzger, der Tankwart,
der Bürgermeister, dessen verwitterten Grabstein
das einst prunkvolle Stadtwappen ziert.

Der Friedhof ist ein Ort der tausend Geschichten,
ein Buch mit tausend Seiten aus Steinen und Schleifen,
Worten und Rosen, widerklingend in meiner Seele,
fortgeschrieben in meinem Leben und in den Herzen
derer, die einst an meinem Grab stehen
und sich an meine kleine Geschichte
erinnern werden.

Daniel

Sie nennen dich Daniel, deine jüngeren Geschwister. Obwohl wir nicht einmal wissen, ob du ein Junge warst, welche Farben deine Augen hatten und welche dein Haar. Denn ich habe dich niemals gesehen, nur getragen. Kurze sieben Wochen lang warst du bei mir – doch lange hat es gedauert, bis ich Mut fasste, und deiner Schwester und deinem Bruder von dir erzählte.

Denn du hast kein Grab,
und meine Trauer hatte keine Stätte.

Bis zu diesem Seminar mit dem Titel „Neue Formen des Abschieds finden", zu dem ich mich angemeldet hatte. Bis zu meiner Erkenntnis, wie viele Eltern so winziger und auch ein wenig älterer Sternenkinder ihre Kleinen niemals sahen, weil es nicht möglich war, weil sie nicht wagten, danach zu fragen, weil es irgendjemandem, oft nicht einmal ihnen selbst, unerträglich erschien, weil man zu wenig wusste, zu wenig Beachtung schenkte, und ihnen die Zeit, ihr Kind zu sehen, es zu berühren, es willkommen zu heißen und zugleich zu verabschieden, nicht gewährte.

Doch aus den Augen heißt nicht immer:
aus dem Sinn.
Ganz im Gegenteil.

Wie soll man auch nur ansatzweise begreifen,
was keinen der sieben Sinne jemals erreicht hat?

Ein Symbol für Erinnerung sollten wir mitbringen zu diesem Seminar. Ich hatte in Eile den Koffer gepackt und in letzter Sekunde, vollkommen spontan und ohne zu überlegen – oder gab es doch etwas in mir, was mit Bedacht wählte? – drei Schwimmkerzen hineingelegt.

Wie es sich herausstellte, hatten viele Teilnehmerinnen leichte, fragile, fliegende und schwimmende Objekte mitgebracht, die für sie den Fluss der Zeit und die darin treibenden kleinen Inseln der Erinnerung symbolisierten. Also platzierte man eine große Wasserschale in die Mitte unseres Kreises.

Ich werde dieses Bild niemals vergessen:
Erst als ich meine drei Kerzen entzündete und behutsam auf den Wasserspiegel setzte, fiel mir auf, dass zwei von ihnen blau waren und eine rosafarben.
Und erst, als nach einer Weile eine der beiden blauen und die roasfarbene Kerze nahezu gleichzeitig überflossen und mit ihrem Wachs die dritte, blaue Kerze umgaben, konnte ich weinen.

Seitdem hat meine Trauer
eine kleine Stätte.
Und meine Hoffnung.

Sie liegt tief in meinem Herzen
und sie sieht aus wie zwei Schwimmkerzen
in Rosa und Blau,
die eine dritte
fest umfangen halten.

„Lasst mich nicht im Stich", sagte ich zu meinen Lieben, während ich das Familiengrab für die Weihnachtsfeiertage herrichtete. „Bleibt bei mir – es ist alles zu viel im Moment. Schenkt mir euren leisen Rat, eure stille Begleitung, euren Segen. Ich bitte euch."

Schwer bepackt mit leeren Schalen und zwei Vasen erreichte ich das schmiedeeiserne Friedhofstor. Ich sah die beiden sofort, als ich auf die Straße hinaustrat. Sie beobachteten mich, der Kleine und der Große, dunkelhäutig beide, viel zu dünn bekleidet in der eisigen Kälte, einen Schlitten hinter sich herziehend. Sie schauten herüber zu mir, mit großen braunen Augen, sehr interessiert.

„Ja, schaut nur", dachte ich, zunehmend aufgebracht durch ihre intensiven Blicke, während ich meine Last abstellte, mit klammen Fingern die Autoschlüssel aus der Manteltasche fischte und den Kofferraum öffnete.

„Schaut genau zu und merkt euch, was eine Frau unserer hiesigen Kultur so alles auf die Reihe bekommt. Und zwar ganz allein. Ohne männliche Unterstützung, weder mit Mini-Chauvis noch mit ausgewachsenen Paschas im Hintergrund. Merkt es euch gut!"

Mit Wucht knallte ich den Deckel zu und wandte mich zur Fahrertür.

„Wen haben Sie denn da drin besucht?", fragte der Große kaum hörbar, schüchtern und blickte dabei kurz zum Friedhofstor hinüber. Die unerwartete Frage warf mich völlig aus der Bahn.

„Meinen Vater, meine Schwester und meine Großeltern", antwortete ich, erstaunt und hilflos.

„Das ist gut", ließ sich jetzt der Kleine vernehmen.
„Unsere Mutter liegt nämlich auch da."

Ich stand wie angewurzelt, die Schlüssel in der
Hand, unfähig mich zu bewegen.

„Gott segne Sie." Das war wiederum der große Bruder, der keinen Blick von mir wandte.

„Und gute Fahrt …"

Der zweite Parkplatz

„Wenn du einmal ein eigenes Auto hast, Goldkind",
sagte mein Großvater und strich mir übers Haar,
„dann halte es bloß nicht mit den Übervorsichtigen,
Bedachtsamen, die schon drei Straßen vor dem Ziel
mit der Parkplatzsuche beginnen, schließlich irgend-
eine Bordsteinkante akzeptieren und drei Kilometer
Fußmarsch in Kauf nehmen. Nein, vertraue deinem
Glück, deinem Auto, dir selbst und deinem Opa!",
betonte er mit erhobener Stimme und blitzenden Augen. „Du fährst immer genau ins Ziel, du bekommst
einen Parkplatz in der ersten Reihe – und wenn ich
ihn dir eigenhändig freiräumen muss!"

Ähnliches hatte er wohl seinem Sohn, meinem Vater, zugesichert – auch dieser ein leidenschaftlicher
Autofahrer, der selbst nach Jahrzehnten am Steuer
die Unabhängigkeit und die weiten Strecken liebte,
ebenso wie er das kunstvolle Rückwärtsfahren jedem Wenden vorzog und von zwei Parklücken stets

jene wählte, bei der das Einparken das gehobenere Können erforderte, und nach Vollendung zwei Blatt Zeitungspapier zwischen die vier Stoßstangen gepasst hätten.

Jedenfalls beobachtete ich, teils erheitert, teils gerührt, wie mein Vater beim Ansteuern eines Zieles – mein Großvater war inzwischen längst verstorben – mit einem leisen „Hugo hilf!" auf den Lippen pfeilgerade die Einfahrt ansteuerte. Er fand immer einen Parkplatz. Direkt davor. Und wenn in der Sekunde, in der unser Wagen auftauchte, soeben ein anderer wegfuhr.

Ganz klar, dass ich den leisen Autofahrer-Hilferuf tatsächlich übernahm – der Jahre später von meinen beiden Kindern auf dem Rücksitz mit umso mehr Begeisterung und in voller Lautstärke aufgegriffen wurde. Ja, sie beschwerten sich sogar, wenn ich einmal einwandte: „Hört mal, das ist doch alles Quatsch – und außerdem: Auf diesem übervollen Parkplatz findet auch Uropa Hugo keine Lücke für uns, die anderen stehen doch schon in der zweiten Reihe und sind zudem alle gerade erst angekommen!"

„Nein!", kam es dann prompt von hinten. „Das darfst du nicht sagen, Mama, du traust dem Uropa viel zu wenig zu, der schafft das mit der Lücke auch hier!" Was jedes Mal zutraf, zu meinem großen Erstaunen.

Am Tag nach dem Tod meines Vaters näherte ich mich um die Mittagszeit dem Parkplatz des Krankenhauses. Ich war so betäubt, dass ich niemals hätte fahren dürfen, wollte aber noch einmal den Aufzug benutzen, die Intensivstation sehen, in der heute Nacht das Unfassbare geschehen war, ein Geschenk für das Personal übergeben, das sich einfühlsam gegenüber uns Angehörigen und respektvoll gegenüber meinem verstorbenen Vater verhalten hatte, vor allem Ruhe suchen in der Krankenhauskapelle, ein Gebet verrichten.

Nur flüchtig streifte mich der Gedanke, ob ich einen Parkplatz finden würde. Ich rechnete nicht damit. Das winzige Areal war schon zum Feierabend hin komplett dicht, wie würde es erst zwischen 12 und 13 Uhr aussehen, wenn sämtliche Berufstätige der Umgebung das schmale Zeitfenster nutzten, um ihre erkrankten Verwandten zu besuchen? Ich vergaß sogar das obligatorische leise „Hugo hilf!" als ich mich dem dicht belegten Platz näherte. Es war auch nicht nötig. Denn noch bevor ich die Einfahrt erreichte, die ich aus purer Gewohnheit angesteuert hatte, stieß nicht nur ein Fahrzeug rückwärts aus seiner Lücke und räumte den Platz für meinen kleinen roten Flitzer. Nein, natürlich waren es gleich zwei.

Wie hätte es auch anders sein können – gab es doch im Himmel seit letzter Nacht einen leidenschaftlichen Autofahrer mehr.

Du nimmst nicht mehr ab

Wie langsam die Seele versteht …

Ein ganzes Wochenende lang hatten wir geprobt,
wundervolle, mitreißende Gospelsongs,
zum Mitsingen, zum Mittanzen schön.
Nun stand der Gottesdienst bevor,
an dem das Erarbeitete zur Aufführung kommen
sollte.
Und noch während ich in mein Abendkleid schlüpfte,
das Haar türmte und die Ohrringe anlegte,
dachte ich:
„Ruf ihn doch an! Dieser Gottesdienst
wäre genau nach seinem Geschmack:
nicht steif, sondern überbordend vor Begeisterung,
mit Händeklatschen, Tanzschritten,
Swingen und Schwingen zur Ehre Gottes.
Ruf ihn an!
Wenn er sich beeilt und gleich losfährt,
kann er es gerade noch schaffen,
pünktlich hier zu sein."

Ich hatte den Hörer schon in der Hand,
da fiel mir erst ein:
Du nimmst nicht mehr ab.

Wie langsam die Seele versteht …

Mehr Achtsamkeit

Unsere Wirklichkeit
ist wie der bunte Luftballon eines Kindes.
Wenn wir trauern, schrumpft sie auf ein winziges,
verletztes Nichts zusammen,
das wir in einem Winkel unseres Herzens verbergen
und vor jedem grellen Sonnenstrahl beschützen –
denn Leben und Tod könnten uns erneut verwunden.
Doch ist es nur das, was der Tod uns lehrt?
Ist es das, was unsere Lieben,
die uns vorangegangen sind, für uns wollen?

Wagen wir es – denn unser Leben ist kurz und kostbar,
und nichts zeigt uns dies deutlicher als der Tod:
Werfen wir einen scheuen Blick in den Himmel
und ans sandige Ufer des Flusses,
erwärmen wir uns langsam am Feuer
und am Licht einer Kerze,
schenken wir dem Blütenmeer und dem Laubdach
über uns einen flüchtigen Moment der Achtsamkeit,
dem Schnee, dem geheimnisvollen Nebel,
den Sternen, dem Apfel am Baum,
dem Lachen eines Kindes,
und der Hand eines Menschen, die uns berührt.
Hauchen wir unserer Wirklichkeit wieder
ein wenig Atem ein, vorsichtig und behutsam,
damit sie den Raum einnimmt, der ihr zukommt,
und ganz allmählich wieder lernt
zu fliegen.

Der Bergisch-Gladbacher Bestatter und Trauerbeglei-
ter Fritz Roth hat viel für eine Erneuerung im Umgang
mit Sterbenden und Verstorbenen sowie deren Angehörigen getan. Immer ging es ihm dabei zum einen um die Ermächtigung des Einzelnen, sein Leben
und Sterben und auch seine Beisetzung so weit wie
möglich selbst zu gestalten, und seiner Familie, die
Wünsche des Verstorbenen gegenüber Krankenhäu-
sern, Ämtern und Behörden durchzusetzen, und zum
anderen um ein sehr bewusstes Leben vor dem Tod:
Vor einigen Jahren übersandte er in einer aufsehener-
regenden Aktion insgesamt 6000 berühmten und weniger bekannten Persönlichkeiten aus seinem großen
Bekanntenkreis eine Anfrage, deren Inhalt sinngemäß
lautete: „Würden Sie sich daran wagen, einen Koffer
für Ihre letzte Reise zu packen?"

Womöglich mochten sich manche Empfänger mit
diesem brisanten Thema ebenso wenig auseinander
setzen wie etwa mit den Fragen: „Wie denke ich mir
die Inschrift meines eigenen Grabsteins?" oder „Was
würde in meinem Nachruf stehen, wenn ich ihn selbst
verfassen sollte? Und was muss ich hier und jetzt tun,
damit dieser Nachruf, wenn er wirklich einmal ver-
lesen wird, genau so klingt, wie ich mir mein Leben
eigentlich erträume?"

Kein Wunder also, dass einige Adressaten Fritz
Roth überhaupt nicht antworteten. Andere schrieben
„Ich bin nackt auf die Welt gekommen und werde
nackt wieder von ihr gehen" oder „Der Tod ist die

wichtigste geistige Herausforderung – darum würde mein Koffer ohnehin leer bleiben". Und wieder andere erklärten sich bereit, einen Reisekoffer zu füllen oder eben bewusst leer zu lassen, ihn aber auf jeden Fall an Fritz Roth zurückzusenden. Mitgemacht haben Männer und Frauen, Künstler und Politiker, Handwerker und Hebammen, Prominente wie Franz Alt, Alexander von Schönburg, Gerd Scobel, Susanne Fröhlich, Purple Schulz und Menschen von nebenan.

103 Koffer hat der Bestatter und Autor schließlich ausgesucht und sie zu einer Wanderausstellung gruppiert, die am 19. Mai 2006 erstmals der Öffentlichkeit vorgestellt wurde und seitdem durch Deutschland tourt. Provozierendes und Witziges, viel Nachdenkliches und Anrührendes findet sich in den „Koffern für die letzte Reise". Briefe, Symbole für Gott, Himmel und Ewigkeit, Vermächtnisse und Lebensbilanzen, Briefe und Zettel wie dieser: „Der Koffer meiner letzten Reise ist voll von Bildern, voll von Regen auf der Haut und im Haar, voll von Kinderlachen und Liebe."

Herzen aus ganz unterschiedlichen Materialien liegen in vielen Koffern, Ringe und Notizen im Sinne des Pauluswortes „Die Liebe hört niemals auf".

„Schon wieder ein Jahr vergangen! Wo nur die Zeit bleibt? Sie zerrinnt einem ja zwischen den Fingern!" Immer mehr Menschen teilen dieses Gefühl: Die Jahre entschwinden immer schneller. Technische Errungenschaften sollen uns helfen, Zeit zu sparen – aus unerfindlichen Gründen geht dieses Konzept aber nicht auf: Wir haben immer weniger Zeit zur Verfügung, hetzen uns immer mehr ab, Körper, Seele, Geist und Lebenssinn bleiben dabei auf der Strecke, physische und psychische Beschwerden stellen sich ein. „Ich werde gelebt, statt selbst zu leben", sagen wir oft.

Lässt sich dieser Trend umkehren? Können wir wieder zum Herrn und zur Herrin über unsere eigene Zeit werden? Immerhin geht es dabei um unsere kostbare Lebenszeit, die nicht unbegrenzt ist!

Als Gegenbewegung zur zunehmenden Hektik hat sich in den vergangenen Jahren der Trend zur „Entschleunigung" entwickelt: Seine Anhänger handeln im Kleinen wie im Großen bewusst überlegt, langsam, liebevoll und sorgfältig, mit Rücksicht auf die Umwelt, den Mitmenschen und sich selbst, und gelangen so zu einem befriedigenderen Gefühl im Umgang mit der Zeit. Das beginnt bei Dingen wie „Slow Food" – dem langsamen Zubereiten und Genießen von Mahlzeiten – und endet bei einer Tagesplanung, die von größeren Etappen ausgeht. Am besten von einem Jahr, Jahrfünften oder sogar von einem ganzen Leben.

Selbstverständlich kann diese Planung aufgrund aktueller Ereignisse immer wieder abgewandelt werden. Schließlich sind wir wirklich nicht die alleinigen Herrscher über unsere Zeit. Tausend Umstände und Zufälle, manche sagen auch: das Schicksal oder die Vorsehung, bestimmen mit, was unsere Tage ausfüllt.

Dennoch, wer weit vorausschaut, sich Zeit nimmt, um seine wichtigsten Lebensziele festzuhalten (auch solche, die vorerst in den Bereich der Träume zu fallen scheinen) und sie sozusagen in kleine Münze, nämlich auf „Monats- und Tagesniveau", zu wechseln, der behält das große Ganze im Blick, verzettelt sich weniger und bekommt eher das Gefühl, sein Leben selbstständig und aktiv zu gestalten, statt willkürlich herumgeschubst zu werden.

„Meine Lebensziele abstecken – wann soll ich denn nun auch dafür noch die Zeit finden?", sagen Sie vielleicht. „Es reicht ja manchmal kaum, den Einkaufszettel zusammenzustellen!"

Genau an dieser Stelle sollte die Entschleunigung greifen. Es gibt definitiv nichts Wichtigeres als ein Gefühl für das Wohin meines Lebens! Und wenn ich mir einen bis drei Tage Urlaub nehme, um in Ruhe, ganz allein und unbeeinflusst darüber nachzudenken. Und wenn ich im Wald herumspaziere, in ein Kloster oder ins Hotel gehe, Ferien auf dem Bauernhof mache oder am Schreibtisch sitzen bleibe. Und wenn ich einen weiteren Tag benötige, um mit Partner/Partnerin, Chef und/oder Kindern darüber zu sprechen. So viel Zeit muss sein!

Ganz wichtig ist es, bei dieser Bestandsaufnahme auf die sogenannte innere Stimme oder das „Bauchgefühl" zu hören. Beide sagen mir unbestechlich: „Halt – das ist doch schon wieder der Beruf/der Hausbau/die Traumfigur/das Ehrenamt, das die anderen für dich ausgesucht haben! Was sind denn deine Träume?"

Vielleicht sind es am Schluss nur drei oder vier wirklich wichtige Dinge, die ich verwirklichen will. Aber wenn ich die kenne und sie groß und wie ein Motto in meinen Terminkalender schreibe, wird sich all der tägliche Kleinkram, so wichtig er auch scheinen mag, daran messen lassen müssen. Und das gibt ihm das richtige Maß. Das lässt mich an den richtigen Stellen Gas geben, all meine Talente, meine Begeisterung und meine Disziplin einbringen, an anderen dagegen „Fünfe gerade sein lassen", Aufgaben delegieren, Termine streichen. Weil ich weiß: „Das ist nicht das Wichtigste in meinem Leben. Dem, was mir wirklich wichtig ist, habe ich heute schon genug Zeit gewidmet!"

Das Experiment

In seinem lesenswerten Buch „Veronika beschließt zu sterben" erzählt Paulo Coelho die Geschichte einer jungen Frau, die versucht, sich umzubringen. Einen dramatischen Grund für ihre Selbstmordabsichten gibt es nicht – nur ihr ersticktes, wahrlich zum Sterben langweiliges, kontrolliertes und unausgefülltes, unglückliches Leben, das sie ermüdet hat und das sie darum wegwerfen will. Als sie wieder zu sich kommt – in letzter Sekunde gerettet und in eine psychiatrische Klinik eingewiesen – eröffnet der behandelnde Arzt ihr, dass die Tablettenvergiftung, die sie sich selbst zugefügt hat, irreparable und voraussichtlich innerhalb von fünf Tagen tödliche Schäden an ihrem Herzen verursacht habe. Und ab diesem Moment beschließt Veronika zu leben. Zögerlich erst, in vorsichtigen Erkundungen und kleinen Schritten, dann immer leidenschaftlicher und mutiger, mit dem Lebenshunger eines Menschen, den man jahrzehntelang zum Fasten gezwungen hat, und dem Kampfgeist einer Frau, die erst im Angesicht des Todes erkennt, worin das Leben besteht. Was sie nicht weiß: Ihr Arzt hat sie belogen. Denn er ist seit Langem der Auffassung, dass es nur eine einzige Methode gibt, die Bitterkeit aus dem Herzen eines Menschen zu vertreiben: das Bewusstsein des Lebens. Und dass nur ein einziges Medikament dazu geeignet ist, dieses kostbare Wissen zu übermitteln: das Bewusstsein des Todes. Veronikas Aufbruch ist für ihn der lebendige Beweis für die Richtigkeit seiner Thesen.

Schicksal oder Freiheit?

Wer oder was bestimmt unser Schicksal? Was haben wir selbst in der Hand, wo sind wir verantwortlich, können und müssen zupacken, eingreifen, verändern? Wo sind wir mehr oder minder ausgeliefert, können nur dulden, hinnehmen, uns vom Leben formen lassen – und es dauert lange, bis wir zu einer eigenständigen Antwort und einem persönlichen Umgang mit dem finden, was uns widerfahren ist.

Alles ist vorbestimmt und unabänderlich – alles liegt bei uns allein, und jeder ist seines Glückes Schmied. Diese beiden Pole, Schicksal/Vorsehung und Freiheit/Verantwortung, werden durch die Texte „Die Wahrsagerin" und „Der Selbstmanager" beschrieben. Die Wahrheit liegt wohl, wie so oft, in der Mitte – und es ist unsere gerade in Zeiten der Trauer so schwierige Aufgabe, genau dort unseren eigenen Weg zu suchen. Ohne einfache Lösungen und Patentrezepte, oft ohne Antworten auf unsere Fragen, ohne Landkarten, ungesichert und mühsam – allein im Vertrauen auf Gott und die Hoffnung, die uns trägt.

Die Wahrsagerin

Vielleicht hätte ich ihr Zelt links liegen lassen sollen.
Doch meine Neugier siegte:
ein Blick in die Zukunft,
eine Analyse meiner Vergangenheit –
das versprach Spannung

und vielleicht etwas mehr Klarheit.
Und so hob ich den schweren Vorhang und trat ein...

Sie hat meine rechte Hand
behutsam in ihre Hände genommen,
mit der Innenfläche nach oben.
Sie hat die Linien in meiner Hand verfolgt,
zuerst mit den Augen,
dann behutsam die eine oder andere Kurve
auch mit dem Finger:
lange Straßen, kurze Sackgassen,
komplizierte Verästelungen,
wie Zweige und Wurzeln,
Hügel und Täler,
die mir zuvor nie aufgefallen waren.
Sie hat alles in diesen Linien gelesen.
Dass ich meine Familie liebe,
mich aber nie ganz geborgen gefühlt habe.
Dass ich künstlerisch begabt bin,
mit diesem Talent aber keine Karriere machen werde.
Drei Beziehungen, davon zwei unglücklich.
Meine Neigung zur Eifersucht.
Außerdem: Tendenz zum Magengeschwür
und zum frühen Herzinfarkt.

Ich wusste vorher nicht,
dass meine Hand ein offenes Buch ist,
mein Lebensbuch,
und dass darin schon vieles festgeschrieben steht:
Freudenschleifen und Kummerfalten,
Glücksmomente und Schrecksekunden.

Sie hat gesagt,
mein Schicksal sei vorherbestimmt.
Schon vor meiner Geburt
seien sie in meine Hand eingeschrieben worden,
die Grundzüge meiner Lebensgeschichte.
Es sei unmöglich, das Skript
grundlegend zu verändern. Es sei unmöglich,
etwas wegzustreichen oder wegzustreicheln,
umzumalen oder gar auszuwischen.

Ich habe ihr meine Hand entzogen.

Ich brauche kein Orakel,
kein Rezept, das es mir abnimmt,
mein Leben mit all seinen Freuden und Leiden
selbst zu gestalten, zu genießen, auszuhalten
und daran zu reifen.
Kein einfaches Raster, das mir sagt,
welcher Typ ich bin,
wo ich meinen Traumjob finde
und dass ich mit ihm oder ihr an meiner Seite
nicht glücklich werden kann.
Ich glaube, dass ich frei bin
und dass ich deshalb Verantwortung habe
für mein Glück, mein Leid
und das der anderen.
Ich glaube, dass man Leid nicht nur erdulden kann,
sondern auch mittragen, verwandeln,
manchmal auch verhindern.
Ich glaube,
dass Menschen das Gutsein, das Glücklichsein

und das Glücklichmachen lernen können,
auch und gerade durch das Leid.

Ich habe ihr meine Hand entzogen.

Der Selbst-Manager

„Ab 30 bist du für dein Gesicht selbst verantwortlich",
hat er gesagt und dabei gelächelt,
kühl, wissend, selbstbewusst –
und ein wenig mitleidig, wie mir schien,
als ob er jedes einzelne Fältchen,
jede Stirnrunzel und jedes Krähenfüßchen
bis auf den Grund durchschaue
und dabei sogar die unsichtbaren Narben entdecke –
die auf meiner Seele
und mich auch dafür verantwortlich machen wolle.

„Du allein", wiederholte er mit Bestimmtheit.
„Denn jeder ist seines Glückes Schmied.
Du allein bestimmst,
ob du dich auszehren oder aufschwemmen lässt –
und wovon.
Du allein entscheidest, worüber du lachst,
wann und wie laut du weinst oder schreist
und was du hinunterschluckst.
Natürlich kann man Menschen, Nachrichten,
Schicksale so nahe an sich heranlassen,
dass sie anfangen,
Spuren im Gesicht zu hinterlassen.

Man kann sich das Leben aber auch vom Leib halten.
Nicht viel – nur gerade so weit,
dass es erträglich wird.
Dass man seine kostbaren Kräfte schont.

Nicht jede Liebe und jedes Leid
zu deinem eigenen machen,
nicht jedem Problem eines fernen Landes nachreisen.
Nicht zu viel über Ursprung,
Ziel und Sinn nachgrübeln,
sondern mehr darüber, was es dir bringt.
Viel Ballast bleibt dabei auf der Strecke,
und es lebt sich einfach entspannter so.
Du allein entscheidest", sagte er noch einmal
und schaute mich aufmunternd an.
„Und man wird dir ansehen,
wie du entschieden hast."

Ich habe mein Gesicht vor ihm verborgen.
Ich will frei sein und Verantwortung übernehmen,
an meinem und anderer Glück schmieden.
Aber das Leben mit all seinem Glück und Leid
ist so viel größer als ich.
Ich versäume so viel, wenn ich alles zurechtstutze,
bis es in die Schubladen positiven Denkens
und „Selbst-ist-der-Mensch" und
„Geht-nicht-gibt's-nicht" hineinpasst.

Ob ich das schaffe? Ab und zu die Hände in den
Schoß zu legen und zuzulassen, geschehen zu lassen,
das Leben, das Leid und die Leidenschaft

mir hautnah gehen zu lassen –
auch wenn sie Spuren zeichnen,
die andere lesen können?
Ich muss nicht alles selbst erledigen.
Ich darf den Zufall zulassen –
und der kann viele Namen tragen:
Überraschung, Muße und Gnade,
manchmal Pech (das kleine Leid)
und viel Gunst des Augenblicks.
All das versäume ich, während ich mache.

Ich habe mein Gesicht vor ihm verborgen.

So wie du

Niemand singt das Leben
so wie du

Niemand jauchzt und jubelt so wie du.
Niemand teilt der Wellen Lied wie du.
Niemand klagt ein Vogelleid wie du.
Niemand lobt den Schöpfer so wie du.
Niemand singt ein Liebeslied wie du.
Niemand summt ein Wiegenlied wie du.
Der Stummen Schrei
nimmt niemand auf wie du,
und niemand preist den Ostertag wie du.

Niemand tanzt das Leben
so wie du …

Wie anspruchsvoll das Stück war, das unsere Deutschlehrerin für die alljährliche Theateraufführung ausgewählt hatte, begriffen wir erst, als wir schon mitten in den Proben steckten.

Für mich war es damals eine große Ehre, die Rolle der Emily Webb in Thornton Wilders „Unsere kleine Stadt" zu spielen – aber ich dachte dabei zuerst an die Themen Hauptrolle, süße Liebesgeschichte, nette, wenn auch sparsame Kulisse, große Bühnenhochzeit mit einem (in meinen Augen durchaus attraktiven) George Gibbs, Beifall und Blumen. Den dritten Akt, der nach Emilys Begräbnis auf dem Friedhof spielt, nahm ich anfangs nicht so wichtig. Das sollte sich radikal ändern.

In diesen eindrücklichen letzten Szenen des Stückes sitzt die junge Emily, die nach der Geburt ihres zweiten Kindes verstorben ist, inmitten der Toten ihrer kleinen Stadt, die nunmehr, von der anderen Seite des Lebens und der Zeit her, einen völlig neuen Blick auf den Alltag ihrer Lieben gewonnen haben. Die verstehen, wie wundervoll, wichtig und wertvoll so vieles ist, was den Lebenden banal und selbstverständlich erscheint, wenn es auch eine wohltuend überschaubare (letztlich jedoch trügerische) Zuverlässigkeit und Geborgenheit vermittelt.

Doch die Toten wissen, dass sich dieser Blick nur den Weisen und eben ihnen, den Verstorbenen, erschließt. Dass man all das seinen Lieben, die völlig in ihrem Alltag gefangen sind, nicht mitteilen kann und es keine Möglichkeit gibt, mit der Erkenntnis des Jenseits das Diesseits zu verändern. Die jung verstorbene Emily will diese Unabänderlichkeit weder glauben noch hinnehmen und fleht den Spielleiter an – dem in diesem Akt unter anderem annähernd die Rolle des Todes zukommt – sie für einen einzigen Tag der Vergangenheit zu ihrer Familie und in ihr gewohntes Leben zurückkehren zu lassen, nachdem sie erfahren hat, dass dies möglich ist.

Die übrigen Verstorbenen warnen sie und empfehlen ihr, als Emily sich nicht umstimmen lässt, sich den unwichtigsten Tag ihres Lebens für ihre Rückkehr auszusuchen, er werde ihr aus ihrer jetzigen Perspektive schon außergewöhnlich genug erscheinen. Doch die junge Frau nimmt diesen Rat nicht an und bittet den Spielleiter, sie noch einmal den Morgen ihres zwölften Geburtstags erleben zu lassen.

Das Abenteuer der Rückkehr wird zum erschütternden Debakel. Denn natürlich versucht Emily, die Schranken zwischen der erlebten Gegenwart und der Zukunft, die sie nunmehr kennt, zu durchbrechen und den Lauf der Geschichte zu verändern. „Mama, schau mich doch einmal an", fleht sie ihre Mutter an, die vollauf mit den Vorbereitungen für das Geburtstagsfrühstück beschäftigt ist, ihrem Kind beiläufig gratuliert und es auf einige Geschenkpäckchen hinweist. „So, als wenn du mich wirklich sähst", fährt die verzweifelte Emily fort. „Mama, 14 Jahre sind vergangen, ich bin tot. Du, Mama, bist Großmutter. Ich habe George geheiratet, George Gibbs, Mama. Wally ist auch gestorben. Es war schrecklich für uns, erinnerst du dich nicht? Aber gerade jetzt sind wir für eine Weile alle beisammen, gerade jetzt sind wir eine Weile glücklich, Mama. Einer soll den anderen ansehen, jetzt."

Erst vor Kurzem las ich, dass in diesem flehentlichen „Jetzt" im Deutschen auch die Worte „je", „jemals" und, weiter zurück, die althochdeutschen Begriffe für „immer" und „Ewigkeit" mitschwingen. Genau das ist es, was Emily von ihrer Mutter verlangt: Die Grenzen zwischen Diesseits und Jenseits einzureißen, den Augenblick aus der Perspektive der Ewigkeit zu sehen und ihn wertzuschätzen, ja, zur Ewigkeit werden zu lassen. Was der im unabänderlichen Hier und Jetzt Gefangenen natürlich nicht möglich ist.

Kurz darauf bricht Emily ihre Reise in die Vergangenheit ab und fleht den Spielleiter an, sie zurückzuholen. „Ich kann nicht", sagt sie. „Es geht alles zu schnell. Wir haben nicht einmal Zeit, uns anzusehen… So also war das. Und wir hatten es nie bemerkt." Ihre Abschiedsworte sind: „Leb wohl, leb wohl, Welt. Lebt wohl, Grover's Corners … Mama und Papa. Lebt wohl, tickende Uhren … und Mamas Sonnenblumen. Und Frühstück und Kaffee. Und frisch geplättete Kleider und warme Bäder … und Schlafen und Aufwachen. O Erde, du bist zu schön, als dass irgendjemand dich begreifen könnte." Sie stockt und fragt mit Tränen in den Augen: „Begreifen die Menschen jemals das Leben, während sie's leben – jeden, jeden Augenblick?"

Nein, natürlich begreifen wir das Leben nicht. Aber annähern können wir uns dem Blickwinkel unserer lieben Verstorbenen vielleicht ein wenig, das Leben wahrnehmen und wertschätzen, soweit es unserem beschränkten Verstand möglich ist – und einander ansehen, wirklich ansehen. Wenigstens von Zeit zu Zeit und jetzt.

Das letzte Mal

Wenn mir das einer gesagt hätte …
Dass es das letzte Mal war, dass wir uns sahen,
in den Arm nahmen und reden und lachen konnten,
dass es kein Wiedersehen in dieser Welt
mehr geben würde und keine Gelegenheit,
dieses dumme Missverständnis
endlich aus dem Weg zu räumen,
sich zu versöhnen,
dir meine Liebe zu gestehen,
meine Wertschätzung und dir zu sagen,
wie schön du bist.
Wenn mir das einer gesagt hätte …

Es sagt mir aber keiner.
Es liegt an mir allein, so zu leben,
als gäbe es keine zweite Chance und
als sei dies das letzte Mal.

Was du gesät hast

„Ich kam an diesem Tag gerade von einem Gespräch mit einer Freundin, die unter Depressionen leidet, und war durch deren Zustand und meine eigene Hilflosigkeit selbst vollkommen niedergeschlagen. Da sind wir uns begegnet, und Sie konnten ja gar nicht wissen, was in diesem Moment alles in mir war! Aber Sie haben mich einfach angelächelt – und das hat den Tag für mich verändert und mich wieder aufgebaut."

„Weißt du, dass dein kleiner Blumenstock immer noch auf meiner Fensterbank steht? Er blüht und treibt aus und erfreut mich jeden Morgen."

„Das war ein gutes Wort zur rechten Zeit. Ich glaube, wenn Sie es nicht gewagt hätten, das auszusprechen, was wir alle in diesem Moment dachten, wäre das Projekt niemals ins Rollen gekommen."

Die spontane Postkarte aus dem Urlaub. Die kurze Berührung. Das aufmunternde Zunicken und ein „Du schaffst das schon". Es ist oft so wenig, was wir tun. Es erscheint uns nicht der Rede wert, klein, unbedeutend, nichts bewegend: die kleine Welt nicht, wie viel weniger die große. Aber alles, was wir tun und in die Welt setzen, ist ein Samenkorn. Das Wort, die Tat, der Blick. Es hat die Kraft des Lebens und der Liebe in sich, die Wurzeln schlägt, Zweige austreibt, Blüten und Früchte trägt. Von allein. Ohne unseren Einsatz und unser eifriges Zutun, manchmal sogar entgegen dem, was wir verbissen anstreben. Gelassenheit ist nötig, um daran zu glauben. Und Gottvertrauen.

„Ich habe nie verstanden, warum du sonntags in die Kirche gehst, warum du glaubst, wovon die Bibel erzählt. Aber in der Woche nach Herberts Tod sah ich dich wieder auf der Straße, wie du dich auf den Weg machtest. Und da beschloss ich, dich einmal zu fragen."

Wir wissen oft gar nicht, was und wie wir säen. Gott allein weiß es. Vielleicht sind wir selbst nichts anderes als seine Samenkörner.

Nie wieder wie jetzt

Ins Auge fallen.
Kommen sehen.
Ansehen.
Sehens-wert.
Eine Sehens-Würdigkeit, jeder Mensch,
der mir begegnet.
Hindurchsehen.
Wegsehen.
Aus den Augen verlieren.
Wiedersehen?

So jedenfalls nicht mehr,
nie wieder im Strom der Zeit.

Mehr Mut

Das Video, aufgezeichnet von einer Überwachungs-
kamera, ging um die Welt: Am 18. Oktober 2011 wurde die zwei Jahre alte Yue Yue auf einer Marktstraße
in Foshan/China mehrmals überfahren. 18 Passan-
ten – alte und junge, Kinder und Erwachsene – gingen
an dem bereits schwer verletzten Kleinkind vorüber,
ohne einzugreifen, Yue Yue vor den Folgeunfällen zu
beschützen oder ihr gar zu helfen. Vor allem wohl aus
Angst, in das Unfallgeschehen involviert und am Ende
selbst noch haftbar gemacht zu werden, war später
erklärend zu hören. Erst eine einfache Müllsammlerin
bewies Mitleid und Zivilcourage und zog das kleine
Mädchen von der Straße. Yue Yue starb zwei Tage
später im Krankenhaus.

Der Tod ist mächtig – und oft genug sind wir ihm
ausgeliefert, müssen ihn hilflos hinnehmen, auch
wenn er nach einem kleinen Kind greift. Manchmal
aber haben wir die Wahl. Manchmal können wir eingreifen. Mögen wir dann den Mut besitzen, hinzuse-
hen, zu schützen und zu retten, dem Schicksal in den
Arm zu fallen, Unrecht und Leid zu verhindern, wo
es möglich ist. Zum Trost für die Kleinen und Schwa-
chen, die unsere Hilfe brauchen – und zum Trost für
uns selbst in all den vielen Stunden, in denen wir mit
unserer Tatkraft rein gar nichts ausrichten können.

Einige Gedanken zu der schwierigen Gratwande-
rung zwischen Akzeptanz und Widerstand, Einwilli-
gung und Empörung.

„Wie kann Gott das zulassen?" So oft ist diese Frage zu hören. An Krankenbetten und an Gräbern, auf Autobahnen und an Zuggleisen, vor brennenden Ruinen und tosenden Wasserwänden. Wenn uns traurige Kinderaugen, verzweifelte Mütter, traumatisierte Soldaten, würdelos sterbende Alte anblicken. Wenn wir erleben, wie die Demenz einen einst strahlenden Geist auslöscht. Wenn ein Freund sich das Leben nimmt, ohne dass wir die Chance bekamen, von seinen Nöten zu erfahren.

„Wie kann der Mensch das zulassen?" So oft mag Gott sich diese Frage gestellt haben. Im Garten Gethsemane und beim Verhör, nach der Geißelung und bei der Dornenkrönung, als das Kreuz aufgerichtet wurde, bei den Schreien der Einsamkeit und dem letzten Seufzen.

Weil wir nicht werden konnten wie Gott, ist er geworden wie wir. In allem uns gleich, bis ins Weinen, Leiden und Sterben hinein. Seitdem gibt es kein Gefühl und kein Erleben mehr, von dem wir sagen könnten: Hier ist Gott nicht bei mir und mit mir. Doch seit er sich uns auslieferte – der Schöpfer an das Geschöpf, der Ewige an unseren schwankenden Willen, der heute ruft „Hosianna!" und morgen „Kreuzige ihn!" – wissen wir nicht nur um seine Liebe und unsere Freiheit, sondern auch um unsere Verantwortung.

Wir sind nicht die Herren über Leben und Tod, zum Glück nicht, das hat der Ostermorgen gezeigt. Und doch liegt in unserer Hand so mancher Karfreitag, den wir anbrechen lassen, wohl wissend, was wir tun, über hilflose Kinder und Alte, über die Natur und die Erde – und eben auch über einen Menschen namens Jesus, der sich in unsere Hand gab und alles zuließ, was wir zuließen.

Begegnung im Maisfeld

Sie sahen einander erst in letzter Sekunde,
die beiden Männer.
Der Deutsche und der Russe.
Soldaten beide,
Feinde
und Kundschafter,
von den Kameraden hinter der Frontlinie
ausgeschickt in dieses Maisfeld,
um die Lage weiter vorn zu klären
und die Absichten des jeweiligen Gegners
auszuspionieren.

So lautlos schlichen sie
durch die hohen breitblättrigen Pflanzen,
dass sie einander erst im letzten Augenblick gewahrten,
die beiden Männer.

Sie rissen die Gewehre hoch,
legten aufeinander an,
nahmen einander ins Visier
und zogen dennoch nicht ab.

Weil ihnen beiden,
wie durch ein Wunder,
wohl gleichzeitig bewusst wurde,
dass sie allein waren.
Weit entfernt
von ihren jeweiligen Heeren und Kommandanten,
dass niemand sie sah,
dass es keinen Befehl gab,
keinen, der sie zu Todfeinden machte,
keinen, der sie zur Rechenschaft ziehen würde –
und keinen Grund,
einander zu töten.

Sie ließen ihre Gewehre sinken,
gleichzeitig,
nahmen einander in den Blick,
einen endlosen Augenblick lang,
versicherten sich einer des anderen,
wortlos –

und gingen
wie sie gekommen waren,
zurück zu den Ihren,
versteckt von meterhohen Pflanzen.

Der mittelalterlich gewandete Tänzer, der den Tod verkörpert, trägt einen weiten schwarzen Mantel, sein Gesicht ist hinter einer weißen Maske verborgen. Er tanzt durch die Reihen und nimmt alle in seinen Reigen hinein: die eitle Schöne und den habgierigen Kaufmann, die jähzornige Gutsherrin, den selbstherrlichen Mönch. Er schließt die Sterbenskranke sanft in seine Arme, entbindet den Bauern von der Fronarbeit, scheidet das Paar und vereint es im Jenseits. Am Schluss verharrt er in der Mitte, zwischen Höllen- und Himmelstor, die Arme ausgebreitet wie Justitia. Die ausgleichende Gerechtigkeit hat gesiegt. Allerdings erst nach einem langen Leben voller Genuss und Überheblichkeit für die einen, voller Leiden, Schmerz und Ungerechtigkeit für die anderen.

Ginge das nicht etwas früher? Warum hilft Gott so spät? Wie kann er diese furchtbaren, demütigenden, verletzenden Gegensätze zulassen? Wo ist sein rettender Arm? Wie viel zählt vor Gott das Leben vor dem Tod?

Es hat lange gedauert, bis die Vertröstung auf das Jenseits in der Kirche ein Ende nahm, bis sich die Erkenntnis durchsetzte: Gott ist nicht einverstanden mit irdischem Leid, mit Armut und der schreienden Not des Körpers, der Seele, des Geistes. Er ist es nicht, der das Leid sendet, weder als Strafe noch als Prüfung. Er will vielmehr, dass alle Menschen das Leben haben, und dass sie es in Fülle haben, hier und heute.

Doch warum greift er dann nicht ein? Warum stürzt er die Mächtigen nicht vom Thron, bevor sie den Armen in den Staub treten? Mag sein, unser freier Wille ist die Antwort auf diese drängenden, letztlich nicht zu klärenden Fragen: Wir sind es, wir Menschen selbst, die unsere Welt ein zweites Mal erschaffen, nach unserem Ebenbild. So viel Macht, Spiel-Raum, Frei-Raum und Zeit-Raum hat der Allmächtige uns, seinen Geschöpfen gegeben. Zu Recht? Zum Wohl für unsere Welt?

Wir wissen nicht, wie das Experiment der Freiheit und der übergebenen Verantwortung ausgeht. Die Bibel erzählt mit großem Ernst von endgültig vertaner und verlorener Zeit, unwiederbringlich verpassten Chancen. Sie mahnt eindringlich, das Leben vor dem Tod zu nutzen: hinzuschauen, Mitleid zu haben, der Stimme des Herzens zu folgen, Anteil zu nehmen, Solidarität zu beweisen, selbst einzugreifen, statt die Verantwortung Gott zuzuschieben. Hier und heute und im Diesseits.

Die andere Macht

Wir hatten alles versucht. Vernünftige Gespräche und verzweifelte Appelle, Sitzblockaden und Hungerstreiks, Girlanden am Kasernentor, schließlich die Schere am Stacheldraht – danach Verhöre wegen Sachbeschädigung, wegen unerlaubten Betretens militärischen Geländes, wegen Widerstandes gegen die Staatsgewalt …

Hilfloses Lachen bei den einen, Tränen bei den anderen – und wir waren wieder draußen. Vor dem Tor, nahe unserem Zeltlager.

Der junge Wachsoldat grinste, ein wenig überheblich, ein wenig unsicher. So viele Frauen beieinander. Frauen ohne Männer. Alte und junge, muntere und erschöpfte, einige mit Kindern an der Hand, auf Stippvisite für einen Tag – andere, die ihre Kinder, ihren Ehemann verlassen hatten, um für Wochen und Monate hier zu leben, im Friedenscamp der Frauen vor der Kaserne von Greenham Common, Südengland.

Und jetzt? Wieder ein Versuch gescheitert, uns Gehör zu verschaffen. Unschlüssig standen wir herum. Es wurde dämmrig. Der Mond ging auf über dem Dach des Munitionsdepots, beschien den Stacheldraht und unsere Wäscheleinen zwischen den Zelten. Die kalte Feuerstelle. Sollten wir Tee kochen, die Suppe wärmen? Kälte kroch in uns hoch. Doch wir blieben, wo wir waren, auf dem Asphalt, in der Einfahrt zur Kaserne.

Harriet, die Älteste, nahm zuerst meine Hand, ich nahm Esthers, Esther tastete nach der kleinen Mandy.

Ein Kreis bildete sich. Harriet begann leise zu summen, dann zu singen: „Under the full moonlight – Unter dem Licht des Vollmonds tanzten wir, reichten uns die Hände und tanzten, jauchzet, ihr Seelen."

Eine vertraute Melodie, wie das Wiegenlied einer Mutter für ihr Kind. Die Musik schwoll an und ab wie Ebbe und Flut, wie Wellen, die Kreise ziehen.

Der junge Soldat, der vor dem Tor auf und ab gegangen war, blieb abrupt stehen. Fasste sein Gewehr fester. „He, ihr da!" Seine Stimme klang hell wie die eines Jungen.

„… hands we danced joining, hands we danced joining, souls, rejoice." Wir ließen uns nicht stören.

„Was macht ihr da?" Die Stimme überschlug sich. Er setzte noch einmal an, tiefer diesmal, dienstlicher. „Geht schlafen, o.k.? Wird's bald?"

„…under the full moon …" Die Melodie nahm kein Ende, wie der Tanz. Der junge Soldat begann wieder auf und ab zu gehen. Hielt erneut inne. Versuchte, sich die Ohren zuzuhalten, wobei ihn der Helm behinderte.

„Hört auf! Stop it!" Er schrie jetzt. „Ihr seid ja verrückt, hier mitten in der Nacht … ihr, ihr Hexen! Was macht ihr? Einen Zauber? Wollt ihr uns alle …"

In der Ferne kam ein Gewitter auf. Donner grollte. Harriet gluckste. „Wie bestellt, was?"

„He – wart ihr das?" Einen Moment lang schien er es wirklich zu glauben. „Hört auf, habe ich gesagt. Das ist ein Befehl!"

Harriets Hand löste sich aus meiner, sie verließ den Kreis, schloss ihn hinter sich. Ganz ruhig ging sie auf den jungen Mann zu. Unser Gesang wurde zu einem Murmeln, kaum hörbar. Hatte er eben das Gewehr entsichert? Jetzt war Harriet neben ihm, legte ganz vorsichtig ihre Hand auf seinen Arm. Er starrte sie an. „Nimm deine Hand da weg, Hexe!"

Sie nahm sie fort, aber nur, um ihm sanft über die erschrockenen Augen zu streicheln. „Hör zu, mein Kind", sagte sie leise, aber sehr bestimmt. „Wir singen unsere Kleinen in den Schlaf. In Frieden, verstehst du? Und wenn du dauernd dazwischenknallst …", sie ließ ihre Hand für einen Augenblick auf dem kalten Metall seines Gewehres ruhen, „dann wird das nichts, klar? Dann musst du uns noch länger zuhören. Willst du das?"

Sie sah ihm lange in die Augen, nickte würdevoll, wandte sich um und kehrte zu uns zurück, erhobenen Hauptes. Er stand immer noch dort, wo sie ihn verlassen hatte, als wir in unsere Zelte krochen.

Mehr Loslassen

Eine beliebte Pilgergeschichte erzählt von dem Touristen, der sich auf einer Wanderung verirrt und gegen Abend ein abgelegenes Kloster erreicht. Gastfreundlich wird er aufgenommen und erhält eine Mahlzeit. Schließlich zeigt man ihm sein Schlafquartier, eine der äußerst spartanisch ausgestatteten Mönchszellen. „Ja, um Gottes willen, wo sind denn Ihre Möbel?", fragt der Tourist den jungen Mönch, der ihm die Tür aufgeschlossen hat.

„Wo sind denn *Ihre* Möbel?", fragt dieser zurück.

„Bei mir ist das doch etwas völlig anderes", entgegnet der Tourist verwirrt. „Ich bin ja auf der Durchreise."

„Das sind wir auch", antwortet lächelnd der Mönch.

Wir sind nur auf der Durchreise.
Wir haben ein ganzes Leben lang Zeit,
das Loslassen zu üben.
Den Umgang mit den vielen kleinen Abschieden,
die uns nicht nur
auf den großen Abschied vorbereiten,
sondern auch auf das Wiedersehen,
das wir erhoffen.

Mögen wir reisen mit leichtem Gepäck.

Dem Keltenfürsten hatten sie eine Art unterirdischen Palast errichtet, steinerne Wächter an seiner Seite, dazu seine Waffen, seinen Schmuck, die Krone mit den Mistelzweigen, die ihn als König, Krieger und Druiden in einer Person auswies, eine Schnabelkanne mit Met sowie symbolische Trophäen seiner Kriegszüge.

Den Pharaonen des alten Ägypten erbaute man gewaltige Nekropole voller Schätze und ließ Beamte und Diener, Vieh und Haustiere unfreiwillig die große letzte Reise antreten mit ihrem Herrn und Herrscher. Den Wikingerkrieger begrub man mitsamt seinem voll ausgerüsteten Schiff, und die irische Königin im Festgewand, geschmückt mit ihren kostbarsten Juwelen, wie eine Braut.

In China verbrennt man die Abbilder nobler Fahrzeuge und komfortabler Häuser, damit der Rauch zum Himmel aufsteige und sich dort erneut materialisiere, sowie natürlich Geld für das Konto der Ahnen, das die jenseitige Bank für diese verwaltet.

Auf dass es ihnen allen an nichts fehle
in der anderen Welt.

Du nahmst nur eine Rose mit dir.
Und du das Kreuz,
das dir auf der Flucht Halt gab
und in deiner Sterbestunde.
Du einen Rosenkranz.
Und du meinen letzten Brief.

Doch braucht ihr in Wahrheit
mehr
als die Liebe –
die gelebte, erlittene, erträumte,
verschenkte, empfangene,
verlorene, wiedergefundene,
ewige

Liebe?

Loslassen
So gut möchte ich es einmal haben.
Einfach aufbrechen,
mitten am Tag,
frei und leicht-sinnig,
angezogen wie für ein Fest,
in dem langen roten Kleid,
das schon so lange ungetragen
in meinem Schrank hängt,
in dem taubenblauen Seidenhemd,
für das es nie einen Anlass gab,
in den hochhackigen Schuhen,
die für nichts anderes
als für einen schwungvollen Walzer taugen,
oder meinetwegen in den Bikerstiefeln,
die ich mir für meinen Traum
von der Route 66 aufgehoben hatte.

Wann,
wenn nicht jetzt?
Aufbrechen
wie ein Kind, ein Abenteurer,
eine Braut, ein Tänzer
unter einem roten Schirm,
rot von der Farbe des Lebens und der Leidenschaft,
Schutz und Schmetterlingsflügel,
Rosenblatt im lauen Regen,
Regenbogenrot in der Sonne,
Balancehilfe für die Ballerina

auf dem schmalen Steg und dem unsichtbaren Seil,
das ins Weite, Unbekannte, Abenteuer führt …

Alles loslassen,
alles hinter mir,
die Akten und die Rechnungen,
das ungespülte Geschirr und den ungemähten Rasen,
den Terminkalender und den Computer,
das Geflimmer von Monitoren und Displays,
den Lärm der Straße und der vielen Stimmen,
die atemlose Hektik von morgens bis abends,
die vielen Fragen, Zweifel und Sorgen,
die mir die Luft nehmen und es mir verbieten,
selbst endlich einmal Luft abzulassen,
die Menschen,
in deren Nähe es mir die Kehle zuschnürt,
bei denen ich mich klein,
unwürdig und unwichtig fühle,
loslassen
wie den verbrauchten Sauerstoff aus meinem Körper
und ausatmen.

Ganz tief, mit ganz weiten Lungen,
alles aus mir herausströmen lassen
und mich leer machen,
erst einmal nur das.

Auszeit vom Alltag –
in meinen Tagträumen,
am Geheimplatz meiner Kindheit
oder in dem kleinen Park,

den ich gestern erst entdeckt habe.
Ohne Halt, ohne Handy,
unerreichbar und nur auf mich gestellt,
allein, aber sehr erwartungsvoll
und für das Fest gerüstet,
das Augenblick heißt,
Frühling und Natur
und Leben.
Ein Fest, von dem ich fast vergessen hätte,
dass ich dazu eingeladen bin,
vom Schöpfer selbst,
von Gott selbst,
jeden Tag,
wann immer ich will,
wann immer ich mir die Zeit nehme
und loslasse,
mich schön mache
und genieße
mich selbst,
die Gegenwart,
das Leben,
nichts sonst und doch so viel.

Ausatmen.
In Takt kommen mit dem Schlag der Wellen,
dem leisen Wehen der Gräser und Blätter,
dem Atem des Windes,
dem Auf- und Abstieg der Sonne,
als ob es nichts Wichtigeres gäbe.
Spüren, wie das Leben fließt.
Spüren, wie sehr ich ein Teil davon bin.

Loslassen.
So gut möchte ich es auch einmal haben.
So gut habe ich es auch.
Wann immer ich will.

Schöpfen
„Im Atemholen sind zweierlei Gnaden",
sagt Johann Wolfgang von Goethe,
„Die Luft einziehen, sich ihrer wieder entladen;
Jenes bedrängt, dieses erfrischt;
So wunderbar ist das Leben gemischt."

Die Mischung macht's also:
Das Einatmen nach dem Ausatmen,
das Weiterfließen nach der Atempause,
die Rückkehr von der Insel der Stille.

Also: den Schirm zugeklappt,
das Kleid in den Schrank gehängt,
die Tanzschuhe mit braven Tretern vertauscht,
die Bikerstiefel mit der Büroversion?
Mag sein,
aber dann werde ich anders zurückkehren,
als ich aufgebrochen bin,
dankbarer, stärker, mutiger.

Und außerdem – wer sagt denn,
dass der einzige Weg
auf dem zerbrechlichen Steg ins Neuland
rückwärts führt?

Vielleicht geht es ganz anders weiter,
vorwärts,
dort entlang, wo ich noch gar keinen Pfad sehe?
Vielleicht ist das Fest noch nicht zu Ende,
hat das Spiel erst angefangen,
entspringt der Fluss des Lebens genau hier,
ist das Geschenk noch nicht ausgepackt
und die Gnade längst nicht versiegt?

Vielleicht traue ich mich,
über schwankende Bohlen,
sogar übers Wasser,
dort, wo niemand zuvor einen Fuß hingesetzt hat,
weiterzugehen.

Nur,
weil ich endlich bei mir selbst angekommen bin
und zu mir stehe.
Nur,
weil ich mir endlich die Zeit genommen habe,
alles rund um mich aufzunehmen,
nicht nur die Luft,
sondern Kraft und Atem daraus zu schöpfen,
lebenshungrig und lebenssatt davon zu werden:
Farben, Düfte und Geräusche,
das Lied der Vögel,
der Blätter, der Wellen
und meines Herzens.
Nur,
weil Gott mir
und allen Menschen am Anfang der Schöpfung

seinen Atem geschenkt hat,
„atman" –
das heißt „heiligen Hauch", Seele und Geist.
Nur,
weil er uns damit zum Leben erweckt
und uns seinen Schutz angeboten hat,
so federleicht und sicher wie einen roter Schirm
und weil ich spüre:

Was immer ich unter diesem Schutz wage,
es wird gut.
Ich kann frischen Wind bringen
in alles, was festgefahren ist in meinem Leben.
Ich kann meine feine Nase nutzen,
um förmlich zu riechen, was anderen fehlt.
Ich kann mir den langen Atem bewahren
für die Ehekrise und die Probleme meiner Kinder.
Für die Suche nach einer neuen Arbeit, einer Aufgabe
abseits der Asphaltstraßen zum Erfolg.
Für den Aufstieg aus dem Tief,
das Gesundwerden nach einer langen Krankheit.
Für die nachtwandlerisch sichere Lösung
eines Problems,
das mich seit Monaten zu Boden drückt.

Ich kann damit beginnen,
wann immer ich möchte,
solange ich diesen Ort tief in mir nicht mehr verliere:
wo ich zu Atem kommen kann,
wo ich das Geschenk und den Fluss des Lebens spüre,
die Gnade und den Schutz Gottes.

Fünf Träume

Zuerst umarmte sie den Kleinsten.
Er hatte sie seit Sandkastentagen begleitet.
Dann den im Designeranzug,
der ihr ständig eingeredet hatte,
dass sie fürs Abitur, fürs Studium
und fürs große Business geboren sei.
Dann den Hektiker mit dem Ausdruck
der aktuellen Börsenkurse unterm Arm
und – wie immer –
einem todsicheren Tipp auf den Lippen.
Die Fitnesstrainerin konnte sie überspringen:
Die war in eine garantiert wirksame
Anti-Cellulite-Übung vertieft,
ganz neu, ganz frisch aus den USA.
Am schwersten fiel es ihr bei dem Großen, Dünnen,
mit den verlorenen Augen,
den sie einmal „Mann fürs Leben" genannt hatte.

Sie gab sich einen Ruck,
winkte ihnen allen noch einmal zu,
stieg in den Zug
und ließ sie einfach auf dem Bahnsteig zurück.

Fünf Träume.

Fange nie an, aufzuhören?

„Hör nie auf, anzufangen." Ein Wort, das ich liebe. Denn es ist nie zu spät für einen Neubeginn, auch im Alter nicht, auch in letzter Sekunde nicht.

„Fange nie an, aufzuhören." Ein Spruch, den ich niemals verstanden habe. Denn was könnte tragischer sein, als den Anfang vom Ende zu verpassen?

Der große Verwandler

„Keiner von uns will sterben", sagte Steve Jobs, der 2011 verstorbene Unternehmer und Mitbegründer des Computergiganten Apple sinngemäß im Jahr 2005 während eines Vortrags vor Studenten. Selbst gläubige Christen legten es nicht unbedingt darauf an, in den Himmel zu gelangen, den sie doch eigentlich ersehnen müssten, stellte der seit 2004 an Bauchspeicheldrüsenkrebs Erkrankte nüchtern fest. Doch sei der Tod das Ziel, das uns eine und auf das wir alle unterschiedslos und unweigerlich zugingen. Und wenn es uns gelänge, großzügig von der Grausamkeit dieses Wissens abzusehen, müssten wir eigentlich erkennen, wie gut und sinnvoll es sei, dass es den Tod gebe, stellte der konfessionslose Jobs mit schonungsloser Klarheit fest. Denn in vielerlei Hinsicht sei der Tod nicht der große Zerstörer und Gegenspieler, sondern vielmehr „höchstwahrscheinlich die beste Erfindung des Lebens. Denn er ist es, der den Wandel bewirkt und Platz schafft für das Neue."

Die leisen Boten

Vor vielen Jahrhunderten, zur Zeit der großen Pest, geschah es, dass der Tod allzu viele Seelen auf seinen hölzernen Karren zu laden hatte. So wurde ihm dieser zu schwer und unlenkbar, und er kam auf der langen Reise ins Jenseits vom Wege ab und fuhr mitsamt seiner kostbaren Ladung in den Straßengraben. Dies sah ein vorbeikommender Fuhrmann, der sich erbötig zeigte, den unbekannten Wagenlenker und sein Gefährt aus der misslichen Lage zu befreien.

„Ei, weißt du wohl, wem du zurück auf die Himmelsstraße geholfen hast?", fragte der Tod den braven Mann, als sein Wagen wieder festen Grund unter den Rädern hatte.

Und als dieser verneinte, gab er sich zu erkennen, dankte dem Fuhrmann für seine Hilfe und versprach: „Zum Lohn dafür, dass du diesen tapferen Seelen auf ihrem Weg ins Himmelreich behilflich warst, will ich dich, wenn dereinst dein eigenes Stündlein herannaht, nicht unangekündigt heimsuchen. Vielmehr werden dich meine Boten zur rechten Zeit auf mein Kommen vorbereiten. Sei nur wachsam und achte auf sie, so hast du nichts zu fürchten."

Der Fuhrmann sicherte dem Unbekannten dies zu, bedankte sich und lebte von nun an fröhlich und ohne Sorgen in den Tag hinein, als habe er die halbe Ewigkeit vor sich – wusste er doch, dass der Tod nicht plötzlich und unerwartet zu ihm treten würde. Wie erstaunte er aber, als es eines Tages an seiner Tür klopfte und mit ernstem Gesicht der fremde Wagenlenker davorstand, den er vor Jahr und Tag samt seinem Gefährt und der Ladung aus dem Graben befreit hatte.

„Mitnichten werde ich mit Euch gehen, Gevatter!", empörte sich der Fuhrmann. „Ihr seid zu früh und zu unerwartet an der Zeit! Wolltet Ihr mir nicht eure Boten senden, auf dass sie mich warnen und Ihr mich nicht unvorbereitet fändet? Hält der Herr über die Zeit und Ewigkeit so seine Versprechen?"

„Wolltest du, Fuhrmann, nicht wachsam sein und meiner Boten achten?", versetzte der Tod. „Siehe, ich habe dir ihrer viele gesendet, als da sind: deine schmerzenden Knochen und der Zahn, den du verloren hast, dein schwaches Gedächtnis, dem so viele Erinnerungen entflohen sind, dein graues Haar und dein armes Herz, dem jeder Schlag längst zur Mühsal geworden ist. Du allein warst es, der nicht auf meine leisen Boten hören wollte. Und nun sträube dich nicht länger und komm mit mir, es wird Zeit für dich."

Nach mündlicher Überlieferung

Mehr kleine Auferstehungen

Sonnenaufgang nach einer langen Nacht.
Schmetterling, der nach dem Regen davonflattert,
vollkommen sorglos und unbeschwert,
hinein ins grenzenlose Blau.
Hand, die sich zur Versöhnung ausstreckt.
Anruf, der das Schweigen bricht.
Mutiges, offenes Wort, das einen Anfang wagt.
Erster, unsicherer Schritt nach langer Krankheit.
Schüchternes Lächeln zwischen Tränenspuren.
Erinnerung, die zum ersten Mal nicht mehr schmerzt.

Jeder Tag schenkt uns Auferstehungen im Kleinen.
Mögen wir sie erleben
als Vorgeschmack der großen Auferstehung
und der neuen Schöpfung
am Ende aller Tage.
Oder an ihrem Anfang?

Lichtblicke

Das Gewitter zieht ab.
Die dunkel zusammengeballten Wolken
verziehen sich,
zerflattern zu kleinen, federleichten Schleiern,
leuchten vom Rand her auf,
dort, wo die Sonnenstrahlen hervorbrechen.
Die Dunkelheit und Kälte des Winters
weicht langsam, zunächst fast unmerklich
der Helligkeit des Frühlings,
der Wiederkehr des Lichtes.
Wir atmen auf. Wir lachen.
Wir verlieben uns neu in das Leben.
Und obwohl wir das Wunder
des jungen Grüns, der vielen Vogelstimmen,
der ersten warmen Strahlen in jedem Jahr erleben,
ist doch etwas geblieben
von dem ungläubigen Staunen unserer Kindheit,
von der Dankbarkeit der Menschen der Vorzeit,
die keinen Wechsel der Jahreszeiten
selbstverständlich nahmen,
sondern das Licht
als Gottesgeschenk an die Menschen
und als Gnade feierten.

Licht in meiner Seele
Die dunklen Wolken über meiner Seele
weichen langsam.
Noch mag ich nicht so recht an das Licht glauben,
das ein kleines Lächeln in mir angezündet hat,

das Lob, das mir ein anderer gerade geschenkt hat,
eine Umarmung, ein: Du schaffst das schon.
Ich weiß, wie schnell die Unsicherheit
wieder nach mir greifen kann:
Was bin ich wert? Was kann ich?
Wer sieht mich, wie ich bin –
und wer liebt mich, wie ich bin,
mit meinen Dunkelheiten?
Werde ich alles erfüllen, was man von mir erwartet?
Fragen, Ängste, Zweifel,
die es dunkel in mir werden lassen, die mich lähmen –
ich würde gerne auf sie verzichten,
doch das wird nicht möglich sein.
Aber vielleicht dies:
Zulassen, dass jemand meine Zweifel
ganz behutsam beiseiteschiebt,
einen Sonnenstrahl aus Mut gegen meine Angst setzt,
einen Funken aus Wärme
gegen die Kälte und die Furcht.
Einen Lichtblick zulassen.
So, dass ich sehen kann
und Hoffnung schöpfe
und meine Wege wiederfinde,
alte und neue.

Seid Licht
„Und von der sechsten Stunde an kam eine Finsternis
über das ganze Land bis zur neunten Stunde."
So berichtet die Bibel von der Todesstunde Jesu.
Und in dieser Dunkelheit geht alles unter,
woran seine Jüngerinnen und Jünger glaubten:

Alles Licht, das von ihrem Meister ausging,
das schneeweiße Leuchten vom Berg Tabor,
die Ausstrahlung, die andere in ihren Bann zog,
der Jubel des Einzugs in Jerusalem
und den Glanz der Königsherrschaft, zum Greifen nah.
Erloschen.
Und die sieben Ich-bin-Worte,
von denen der Evangelist Johannes weiß –
Ich bin der Weg, der Weinstock, die Tür,
das Brot des Lebens, der gute Hirt?
Ungültig geworden?
Wer wird uns jetzt noch suchen,
wenn wir uns verirrt haben,
nähren, wenn unsere Seele Hunger leidet?
Ich bin das Licht der Welt –
kann die Dunkelheit stärker sein?
Ich bin die Auferstehung und das Leben –
ist der Tod mächtiger?
Das Bild vom Licht
hinter dem Schleier der Wolken sagt:
Stark wie der Tod ist die Liebe und das Leben.
Schon im Moment des Todes Jesu,
geschieht Auferstehung:
Der Vorhang des Tempels zerreißt in zwei Stücke
von oben bis unten:
Das Allerheiligste liegt offen vor aller Augen.
Gott gibt sich preis,
er hat keine Geheimnisse mehr vor uns.
Gott weint mit uns.
Über diesen Tod,
über jeden großen Tod und die vielen kleinen.

Gott nimmt nicht hin.
Gott bleibt dabei:
Ich bin das Licht, die Auferstehung, das Leben.
Mitten im Leben sind wir vom Tod umfangen
und mitten im Tod vom Leben,
mitten in der Dunkelheit vom Licht.

Das ist nicht nur gut zu wissen.
Das ist nicht nur eine Erlösung.
Das ist ein Auftrag:
Seid selbst Hirten, Wege, Weinstöcke, Türen, Brot.
Seid Licht.
Seid Leben und Auferstehung.
Nicht unbedingt für die ganze Welt,
aber für den Menschen nebenan,
der dies alles so dringend braucht.

„Sie brauchen Ihren Mann – und zwar genauso schwach, wie er ist", stellte der Paartherapeut nüchtern fest. „Sie wollen die Starke sein, sie wollen gebraucht werden und ihn umsorgen. Deshalb tarnen sie seine Suchtkrankheit nach außen hin, verleugnen ihn vor seinen Kunden, entschuldigen ihn in der Firma, nehmen ihn vor den Kindern in Schutz. Wachen Sie endlich auf, leben Sie Ihr eigenes Leben! Stellen Sie sich einmal ganz plastisch vor, wie es wäre, wenn er plötzlich ‚trocken' würde! Wenn er sich für alles bedanken – und dann leichten Herzens für immer auf Ihre Fürsorge verzichten würde!"

„Nicht auszudenken", sie schlug die Hände vors Gesicht.

„Sehen Sie", meinte der Therapeut sachlich. „Wer weiß, ob er dann überhaupt noch Ihr Traummann wäre, ob Sie beide Ihre Beziehung nicht völlig neu definieren müssten …"

„Aber so zerstört und so krank ist er doch nicht mein Traum …"

„Oh doch, genau so", schloss der Psychologe. „Und wenn es ein Albtraum ist, der Sie beide umbringt. Denken Sie einmal darüber nach."

„Steh auf!", sagt Jesus zu dem jungen Mann aus Naim. „Talitha kumi – Mädchen, ich sage dir, steh auf", zu der Tochter des Jairus. „Steh auf", befiehlt er dem Blinden bei Jericho und dem Gelähmten, den man auf einer Trage vom Dach der Synagoge bis zu seinen Füßen hinunterlässt. „Steh auf – wage deine ganz persönliche Auferstehung von dem, was dich herunterzieht, lähmt, blind und taub macht, ums Leben bringt."

Meist folgt dieser biblischen Befehlsform gleich noch ein zweiter Imperativ: „ Steh auf – und geh, nimm, zieh, klage, zeige dich, stelle dich!"

Auferstehung, meine Auferstehung, beginnt hier und heute und hat langfristige Folgen. Ein neues Leben. Mein Leben.

Vor der Tür das Leben

Die offene Tür –
sie ist nicht nur ein Symbol der Hoffnung –
sie meint auch Abschied und Trennung.

Du, der geliebte Mensch,
bist durch sie hindurchgegangen,
für lange Zeit oder für immer.
Das Kind ist ausgezogen in die eigenen vier Wände.
Der Chef hat mir den Stuhl vor die Tür gestellt,
oder das Tor hat sich von selbst geöffnet,
in den neuen Lebensabschnitt hinein,
der Pensionierung heißt.
Die Kollegin hat die Tür gewiesen,
mitten in einem Gespräch, das Klärung bringen sollte.
Die Freunde hätten sie fast ins Schloss geworfen,
die Tür, wütend und enttäuscht.
Die Heimat und alles Vertraute
ist durch die Tür entschwunden –

das Neue ist ungewohnt, macht Angst.

Das Leben spielt sich draußen ab,
vor der Tür,
drinnen ist es einsam, dunkel und still,
bis auf meinen stummen Schrei.

Die Tür steht offen.
Das schmerzt.
Immer noch und immer wieder neu.

Die Tür steht offen.
Das kann Hoffnung wecken.
Denn durch die offene Tür
führt der Ausweg.

Durch das Leid ins Licht.

Wer nach Israel reist, wird ihn vergebens suchen: den eindeutig festgelegten und bezeugten Ort Emmaus, zu dem Kleopas und sein Freund an diesem dritten Tag nach Jesu Tod unterwegs waren. Vielleicht führte ihr Weg nach Amwas, 30 Kilometer westlich von Jerusalem? Oder auch nach El Qubeibe, 13 Kilometer im Nordwesten, oder aber in Richtung der ehemaligen römischen Veteranenkolonie Moza? Gleich drei Orte beanspruchen, das „echte" biblische Emmaus zu sein. Wer ihrer jeweiligen Argumentation folgt, wird eher verwirrt und enttäuscht.

Verlassen wir uns also lieber auf die Landkarte des Herzens, wie sie uns in diesem eindrücklichen Evangelium vorgelegt wird. Dann ist Emmaus ganz einfach zu finden. Dort, wo wir einer Hoffnung den Rücken zukehren. Wo unsere Flügel gestutzt wurden und wir zur Bruchlandung auf dem Boden der Tatsachen ansetzen. Wo Enttäuschung, Trauer und Angst jeden weiteren Schritt sinnlos erscheinen lassen.

Wie gut wir solche Wege kennen! Und wie gut, dass wir seit Emmaus wissen: Der Auferstandene geht gerade auf diesen endlosen, ermüdenden Straßen neben uns. Als Wort, das unser Herz in Flammen setzt. Als Gast, der unsere Einladung annimmt. Als Brot, das unseren Hunger nach Nähe, Gemeinschaft und Liebe stillt. Als winzige, vertraute Geste und kostbares, sekundenlanges Wiedersehen, das alles für immer verändert. Als Erkenntnis, die uns wie ein Blitz trifft und alles übersteigt, was wir bisher über Leben und

Tod zu wissen glaubten. Und als Impuls, der Trauer und Sinnlosigkeit verjagt, uns in das Osterlachen ausbrechen lässt, uns unsere Flügel wiederschenkt und uns zur Umkehr zwingt. Hier und jetzt, sofort und auf der Stelle, über 60 oder 160 Stadien hinweg, zurück dorthin, wo wir unsere Hoffnungen begraben hatten. Es ist gleichgültig, wo auf dieser Welt sich all dies abspielt. Denn wir sind immer unterwegs zwischen Leben, Tod und neuem Leben. Und Emmaus liegt mitten in uns.

Tastend in ein neues Leben

Er lässt sich berühren, er entzündet ein Feuer am Ufer des Sees, bricht Brot und nimmt Fisch zu sich, er haucht seine Freunde an und übermittelt ihnen neuen Atem und neuen Geist, ähnlich, wie Gott einst den Menschen erschuf und ihn zum Leben erweckte.

Er hält Maria Magdalena mit dem berühmten „Noli me tangere! Berühre mich nicht!" zurück und tauscht mit ihr nur Namen als Erkennungszeichen aus. Er verweist immer wieder auf die Schrift, das Wort, als glaubhaften, schlüssigen Beleg dafür, dass alles so kommen musste, wie es kam, und dass er tatsächlich lebt. Er preist die selig, die nicht sehen und berühren dürfen und doch glauben. Und er wird wenige Tage später durch eine Wolke den Blicken der Zurückbleibenden entzogen – nie wieder so greifbar und berührbar wie in den 40 Tagen nach seiner Auferstehung, die wie ein äußerst fragiles und bisweilen widersprüchliches Zwischenstadium im (möglicherweise in Stufen gegliederten?) Spannungsfeld von Leben, Tod und neuer, ewiger Existenz erscheinen. Viel zu komplex, um einem einfachen, verzweifelten Wunschdenken seiner Anhänger zu entspringen. Viel zu sinnlich und glaubwürdig, um ins Reich der Metaphysik verbannt und mit einem „er lebte eben in ihren Herzen weiter" abgetan zu werden. Und viel zu fremd und unbe-GREIF-lich, um unsere Sinne und unseren Wissens- und Gewissheitsdrang zufriedenzustellen.

Im Anfang war das Wort – ist es nur das Wort, das uns am Ende bleibt? Müssen wir uns auf uns selbst verlassen? Auf unsere Sinne, auf das Brot, das wir teilen, die Berührungen, die wir verschenken, den Geist, der unter uns spürbar wird – um erfahrbar und glaubhaft zu machen, dass Gott lebt? Hat er, zumindest heute, keine anderen Hände mehr als unsere, die sich vorsichtig vorwärtstasten in ein neues Leben, das all unsere Erfahrung übersteigt?

Mehr Hoffnung

Wo kommen wir her?
Wo gehen wir hin?
Wozu sind wir hier?

Mögen wir uns die Fragen bewahren,
die Hoffnung, die uns trägt,
und die Sehnsucht.

Dunkelheit und Bedrängnis.
Fragen und Unsicherheiten.
Morgen-Land in Sicht.
Und am Ende?

Möge Gott uns auffangen,
der das Licht ist und die Liebe.

Manchmal sind es Kinder, die uns wichtige Dinge über Leben und Tod lehren. Und manchmal sind es Kindergeschichten.

Michael Ende erzählt solch eine weise Geschichte für Kleine und Große in seinem ersten Buch über Jim Knopf und Lukas, den Lokomotivführer. Sie ist mir zur Lebensbegleiterin geworden:

Die beiden Freunde treffen fernab der Zivilisation, in der chinesischen Wüste „Am Ende der Welt", den einsamen, feinfühligen Herrn Tur Tur. Er gehört zur seltenen Spezies der „Scheinriesen" und könnte so manchen Hochschulprofessor zu einer Vorlesung über paradoxe Physik inspirieren: Aus der Ferne scheint sein Hut die Wolken zu berühren. Herr Tur Tur wirkt in seiner gewaltigen Größe so furchtbar und bedrohlich, dass jeder die Flucht ergreift und sich niemand die Zeit nimmt, den freundlichen, aber bekümmerten Gesichtsausdruck des älteren Herrn wahrzunehmen, der allein aus Rücksicht auf seine leicht zu verschreckenden Mitmenschen die Einsamkeit gewählt hat. Überwindet man aber die panische Angst, schärft die Sinne, nimmt auf, was ist, und wagt es schließlich, näher zu gehen, so scheint Herr Tur Tur mit jedem Schritt zu schrumpfen. Bis man schließlich direkt vor ihm steht und erstaunt erkennt, dass der Scheinriese in Wahrheit ein Mensch von normaler Größe ist – sogar etwas kleiner als Lukas, der Lokomotivführer.

Nur eine Kindergeschichte? Ich denke, im bewussten, entschiedenen Zugehen auf das, was uns, von

Ferne gesehen, erschreckt und lähmt, steckt viel Weises für den Umgang mit den Scheinriesen in unserem Leben. Seien es selbst ernannte Experten oder unerfüllbar scheinende Aufgaben. Oder unser eigener Schatten, der uns, an die Wand geworfen, riesig erscheint: Wenn wir auf ihn zugehen, schrumpft er auf seine natürliche Größe – und wenn wir uns umdrehen, sehen wir, dass uns von hinten die Sonne den Rücken gewärmt hat, während wir vor uns nur das Dunkel sahen.

Wer weiß, vielleicht haben sogar Herr Tur Tur und der Tod einiges gemeinsam, und wir brauchen auch auf den Letztgenannten der beiden nur mutig zuzugehen, Schritt für Schritt, Tag für Tag, um ihm einst die Hand zu reichen und erstaunt zu bemerken, wie greifbar und schlicht das große Geheimnis wird, vor dem wir stets in Ehr-Furcht gelebt haben.

Der Sprung in die Sonne

Noch einmal zur Weisheit der Kinder: Im Alter von elf Jahren – ich hatte tatsächlich schon viel über den Tod nachgedacht, aber natürlich noch nie irgendetwas von Nahtoderfahrungen und den Forschungen von Raymond Moody oder Elisabeth Kübler-Ross gehört – träumte ich eines Nachts, dass ich am Eingang eines langen Tunnels stünde. Dessen Wände waren dunkel, doch ganz weit vorn konnte ich den Ausgang erkennen und dahinter eine unglaublich helle, wärmende Sonne. Eine kleine Gestalt stand in großer Entfernung von mir am äußersten Ende des Tunnels, quasi auf dem Sprung. Und eine noch viel winzigere Gestalt war schon gesprungen und flog, dem Schatten eines Vogels mit ausgebreiteten Schwingen gleich, mitten hinein ins Licht.

Noch im Traum wusste ich, dass alle drei Personen ich selbst waren. Und als ich erwachte, war mir klar, dass ich soeben geträumt hatte, zu sterben.

Seitdem denke ich: Wir üben ein Leben lang – für unseren großen Sprung ins Licht.

Lichter auf der Elbe

Zu den beeindruckendsten Ereignissen in meinem Leben zählt das Lichtermeer auf der Elbe, das den „Abend der Begegnung" beim Evangelischen Kirchentag 2011 in Dresden beschloss. Mehr als 150.000 Menschen hatten sich schweigend an beiden Ufern des Flusses versammelt, Kerzen in den Händen. Ein riesiges, flimmerndes, friedliches Leuchtfeuer unter einem klaren Sternenhimmel, darüber schwebend der sphärische Gesang eines Chores, der, oberhalb der Augustusbrücke stehend, das Motto des Kirchentages, „Wo dein Schatz ist, da wird auch dein Herz sein", intonierte. Einzelne Menschen stimmten ein, wählten einen Ton, den sie hielten oder leicht variierten. Es entstand ein Klanggespinst, das zarte Brücken von einem Elbufer zum anderen spannte.

Und gleichsam auf diesen Wellen aus Wasser, Licht und Ton begann ein Meer von Kerzen, die Elbe hinabzuschwimmen. 20.000 Lichter in vielen Farben zogen langsam und würdevoll vorüber, von beiden Ufern her begleitet mit Tausenden von Blicken, Gedanken und Klängen.

Mir, deren Mutter am 13. Februar 1945, nach dem ersten, verheerenden Bombenangriff, gemeinsam mit ihrer eigenen Mutter in einem Meer aus Flammen und in einem endlosen, verzweifelten Zug von Menschen zu beiden Seiten des Elbufers aus dieser Stadt geflüchtet und um ihre Leben gelaufen war, hat sich dieses friedliche Bild tief eingebrannt.

Es kam mir vor, als werde dem geschundenen Dresden ein Stück seiner Würde und Schönheit zurückgegeben – und mit ihm den vielen Zehntausenden, die in jener Nacht vor fast siebzig Jahren ihr Leben verloren. Wohl eingedenk dessen, was mein eigenes Volk zuvor anderen Völkern angetan hat, erschien mir das Lichtermeer auf der Elbe in seinem stillen Glanz, in seiner flüchtigen Dauer und seiner Verletzlichkeit als zutiefst angemessene Form des Gedenkens an alle Opfer dieses Krieges – und an das zerbrechliche Gut der Beziehung, der Versöhnung und des Friedens zwischen zwei Ufern und zwischen Millionen von Menschen, das es zu bewahren gilt.

Die vielen Gesichter Gottes

„Am Ende werden wir einsehen, wie dumm es war, sich über das Wesen und den Willen Gottes zu streiten und Kriege in seinem Namen zu führen", sagte mein Vater.

„Denn der Christ wird seine Dreifaltigkeit sehen und die Frau auf der Suche ihre Muttergottheit, der Indianer seinen Manitou, der Gottessucher das Sein, die Energie und die Liebe in all ihren Farben, und der Inder den vielarmigen Shiva, der unsere Welt jeden Tag neu erschafft im Tanz."

Das Wiedersehen

In ihren letzten Lebensjahren erkannte meine knapp hundertjährige Großtante Ella niemanden mehr, der sich ihrem Bett näherte. Nicht meine Mutter und meinen Vater und erst recht nicht uns, die Kinder.

Natürlich bedrückte uns diese Tatsache. Noch trauriger aber waren wir über die offensichtliche Einsamkeit, in der sie lebte, seit wir ihrem Gedächtnis entschwunden waren. Musste sie doch denken, ihre gesamte Familie hätte sie im Stich gelassen, da sie keinen ihrer Besucher erkannte.

„Wenigstens meine Eltern könnten sich doch einmal bei mir blicken lassen – und mein Bruder", klagte sie oft. „Ich weiß nicht, was passiert ist – sie können mich doch nicht vergessen haben?"

Und wir schwiegen, weil wir wussten: Es hatte keinen Zweck, ihr zu erklären, dass die Generation vor und neben ihr längst nicht mehr unter den Lebenden weilte. Sie wäre nur noch tiefer in ihrer Traurigkeit versunken.

Eines Morgens aber war sie plötzlich wie ausgewechselt und voller Freude: „Heute Nacht waren sie endlich alle da! Vater, Mutter und Fritz!", teilte sie uns mit und strahlte dabei über das ganze Gesicht „Ich wusste doch, dass sie mich nicht vergessen! Und sie haben mir versprochen, bald wiederzukommen und mich nach Hause zu holen."

In der Nacht darauf ist sie friedlich für immer eingeschlafen.

Die alte Kalebasse

Und noch eine weitere Geschichte – diesmal nach einer mündlichen chinesischen Überlieferung –, die es sich lohnt, weiterzuerzählen:

Eine alte Wasserträgerin pflegte mit einem hölzernen Joch über den Schultern jeden Tag zur Quelle zu gehen. An dem Joch waren zwei große doppelbäuchige Kalebassen befestigt, die wie Gold in der Sonne glänzten. Nun war eine der beiden Kalebassen in die Jahre gekommen und ihre dicke, holzartige Haut, die bis dahin jeden Tropfen des kostbaren Nasses sicher bewahrt hatte, bekam Risse. Darüber schämte sich die Kalebasse und versuchte, den Makel des Alters sowohl vor der Wasserträgerin als auch vor ihrer Freundin auf der anderen Seite des Joches zu verbergen.

Doch alle Anstrengung nützte nichts: Tag für Tag brachte die rissige Kalebasse weniger Wasser in ihrem Innern mit nach Hause und ihre Scham darüber nahm zu. So ging es einige Monate lang, bis die Wasserträgerin eines Tages zu ihrer treuen Gehilfin sprach: „Ich weiß, was dich quält, meine Liebe. Du schämst dich deines Alters, das deiner Haut tiefe Risse zugefügt hat, sodass du nicht mehr in der Lage bist, alles Wasser nach Hause zu tragen, das wir gemeinsam an der Quelle schöpfen. Höre auf dich zu grämen! Siehe, ich weiß schon einige Zeit von dem, was du für deine Schwäche hältst. Und so habe ich dich jedes Mal auf dem Heimweg so gehalten, dass du die Blumen und Kräuter am Wegesrand benetzen konntest. Ist dir nie aufgefallen, wie schön sie blühen, wie ihre Farben und ihr Wohlgeruch jeden erfreuen, der vorübergeht, und uns dreien, mir selbst und deiner Freundin auf der anderen Seite des Jochs, den beschwerlichen Heimweg erleichtern?"

So wird es sein, wenn wir am Ende unser Leben zurück in Gottes Hand legen und sehen, wie er auch aus dem, was wir für unsere Schwäche hielten, Großes und Schönes erblühen ließ, und wie er unsere Scham und unsere Fehler birgt in seinen barmherzigen Händen.

Alles, was wir geliebt haben

„Mama", fragte ich eines Tages unter Tränen, „wenn ich einmal in den Himmel komme, wird dann Anette auch dort sein? Wenn sie nicht da ist, möchte ich nicht dorthin."

Meine Mutter war eine sehr kluge, einfühlsame Pädagogin. Natürlich hätte sie mir schlichtweg zur Antwort geben können, dass Puppen keine Seele besitzen und dass der Himmel für Gegenstände generell verschlossen ist.

Stattdessen nahm sie mich und mein rosa gekleidetes Puppenbaby auf den Schoß, hielt uns beide ganz fest im Arm und sagte mit großer Bestimmtheit:

„Weißt du, meine Kleine, ich bin mir ganz sicher: Im Himmel finden wir alles wieder, was wir aufrichtig geliebt haben."

Am Ende

Am Ende meiner Tage
wird Gott mich nicht fragen,
wie viel Quadratmeter Wohnfläche
mein Haus umfasst hat,
sondern ob in meinem Herzen genug Platz war
für die Menschen,
die darin leben wollten.

Am Ende
wird nicht wichtig sein,
wie viel Geld am Monatsende auf meinem Konto
landete, sondern wie großzügig ich das teilen und
verschenken konnte, was mir selbst
geliehen und geschenkt worden war:
meine Talente, meine Lebensfreude,
mein Glück, mein Lachen
und jede Menge Musik.

Am Ende
zählen sicher keine Titel und akademischen Grade,
sondern ob mein Beruf meine Berufung war,
ob ich meine Träume und Hoffnungen
niemals aufgegeben,
die Sehnsucht nie losgelassen,
und das, was ich tat,
mit Liebe erfüllt habe.

Am Ende
wird Gott mich nicht fragen,

ob ich Schlagzeilen gefüllt
und Talkshows besucht habe,
ob ich prominent und mächtig war
und schließlich
am Ziel aller Wünsche angekommen sei,
sondern nur, ob ich unterwegs geblieben bin,
alle Tage, hin zu mir selbst,
zu meinen Mitmenschen
und zu ihm.

Erste Male

Ob ich es dachte, als ich selbst zur Welt kam,
weiß ich natürlich nicht.
Dass ich es dachte
nach meiner ersten Liebesnacht
und nach der Geburt meines ersten Kindes,
weiß ich sehr wohl.

Ob ich es denken werde,
wenn meine Todesstunde hinter mir liegt?
„So ist das also!
So gewaltig und unfassbar.
Alles verändernd,
sodass nichts mehr ist wie zuvor.
Aber auch so einfach und so weise.
Eben: Wie das Leben selbst."

Und ich werde mehr wissen
als je zuvor.

Zum Ausklang…

…kehre ich zurück zum Anfang und zur Geschichte meines Chefs aus der mexikanischen Schmuckboutique.

Nach seinem Tod hatte ich nicht mehr lange dort gearbeitet, denn schon während unseres denkwürdigen Gespräches war ich schwanger mit meinem kleinen Sohn, und gegen Ende des Jahres trat ich den Mutterschaftsurlaub an, blieb aber in Kontakt mit der Chefin und ihrem Sohn sowie mit meinen Kolleginnen.

Zwei Tage nach dem Geburtstag meines verstorbenen Chefs kam mein Sohn zur Welt, und natürlich schickte ich eine Karte an die Adresse des Geschäftes.

Wie erstaunt war ich, als es eine Woche später nachmittags klingelte und die versammelte Belegschaft vor meiner Haustür stand. Die Kolleginnen überreichten mir eine schneeweiße Stramplergarnitur für die bevorstehende Taufe, bewunderten das Baby auf meinem Arm, und die gerührten, aber strahlenden Gesichter von Chefin und Sohn verschwanden fast hinter einem riesigen Strauß hellblauer Blumen.

„Keine Angst", sagte sie. „Wir glauben nicht etwa an die Wiedergeburt. Aber wir glauben wieder an das Leben!"